NF文庫
ノンフィクション

奇才参謀の日露戦争

不世出の戦略家松川敏胤の生涯

小谷野 修

潮書房光人社

まえがき

私が「松川敏胤《としたね》陸軍大将伝」を書こうと決意したのは、松川家と子供のときからのご縁があったということではない。このたび、大将のことを調べているうちに、人材枯渇の今の世に、このような人がいたならばの思いが募ったからである。どうしても、この機会に、今世に、大将を浮上させたかったからで、それが私の使命と感じもしたからである。

金と権力に執着し、自分さえよければよいという利己的人間が多い現世にあって、本書が少しでもこの世に感化、いくらかでも警世になればとの思いがあったのである。

大将の生きざまは生涯を通じて無欲恬淡、明治武人の誠心を貫いた佐命の功臣であった。その性格は、日露戦争時の大石橋、遼陽、沙河および奉天などの作戦に標榜されているように剛直果敢、曲事曲論に対しては決然と事の理を正す敢為な精神があった。

日露戦争の功労金も下賜されると困った人に分かち与え、自分は小さな畑を買って帰農する。他の凱旋将軍の多くが戦後、豪壮な屋敷を構え、別荘に悠々する中で、日々泥にまみれ、農民と語らい、そして夕になれば、庭すみから故郷の悠久の自然と我を語る。何と従容とした古武士然とした日々を送ったことであろうか。

授爵も参謀総長のポストも、その任にあらずとして固辞し、ひたすら老将軍の引きぎわを探し求めた崇高な人間性、真摯な姿勢に心うたれずにはおれない。表面に出たがらず、政治にも関与したがらず、まさに、職人のニヒリズムに徹したといわずして何であろう。

本書を書くに当たり、私はまず仙台にある大将の菩提寺報恩寺のご住職に手紙を送り、お孫さんたちの動静をおたずねした。やがて、東京に在住しておられる方々とお会いすることができ、大将にまつわるお話をお聞きすることができた。しかし、五十年振りの再会である。当然のこと、懐古談に花が咲き、取材は今ひとつであった。思い立ったらやり遂げるのが私の性分。次に行仙すると、その日の昼過ぎ、当地の葛岡墓地にある大将の墓守りをしておられるお孫さん、斎藤家を訪問した。大将のお孫さんは七人、すべて女子である。したがって、このお孫さんは、今は仙台の旧家斎藤健氏に嫁いでおられる。

お聞きしたところ、ご当主斎藤健氏はミッドウェー、ソロモン海戦の歴戦の勇士で、戦時中は海軍にあって艦船勤務をしておられたという。しかも、氏は、大将の一番上の姉のお孫さんに当たられるともいう。ちなみに、大将には父安輔、母類《るい》の両親と長女禮《れい》、次女巳代治《みよじ》の姉と三女美奈寿《みなじ》の妹がいた。つまり、大将だけが男子で、あとの三人は姉妹だったそうだ。なお、太平洋戦争末期の昭和十九年七月、サイパン島で玉砕された斎藤義次中将（陸大三十六期）は、この健氏の叔父に当たる。

そんなこともあって、健氏は子供のときから大将に接見することが多く、教訓多々をいただいたそうだ。この日は時間をかけてお二人から大将のよもやまのお話をうかがい、そのうえ数々の遺品や写真を拝見させてもらった。午後二時過ぎだったろうか。斎藤宅を失礼すると、ふたたびお孫さんのご案内で、青葉城内にある仙台市の博物館に赴いた。そこで佐藤憲一主幹の特別の計らいもあって、大将の陸軍大学校優等卒業時の恩賜の双眼鏡やその他数々の遺品をお見せいただいた。双眼鏡は日清、日露の戦いに携行されたのか、黄塵と手垢で汚れているように見えた。

博物館を出ると、その足で同じ城内にある大将の記念碑を見学した。その記念碑は石材でできており、高さ四メートルもあろうか、見上げるような大きなものであった。近づくと建碑のいわれが読みとれたが、それによると、大将が陸軍大学校で兵学教官をしているとき、その時の学生、部下であった人たちの報恩の志によって建てられたものだという。帰宅してその刻銘を調べると、全員が陸軍大学校八期から十三期にかけての卒業生で、すべての人が後に大将、元帥になった輝かしきエリート軍人であった。

帰路は道順に従って、仙台葛岡の小高い丘にある大将のお墓にお参りした。「陸軍大将従二位勲一等功二級松川敏胤之墓」と刻まれた黒御影の大きな墓石に深々と頭を垂れ、一度でいいからお目にかかりたかった愚痴を申し上げた。そして、最後は大将生誕の地、土樋《つちどい》に立ち寄り、大将生前の姿を彷彿した。毎夕、眼前の愛宕山や広瀬川を見て、故郷の自然を讃歌していたという場所をお孫さんから教えられ、私もその場所に立って雄大な仙台城下の景観に見惚れ、老将と同じ望郷の思いに浸った。

本書を書くために、たくさんの人からご教示をいただいている。大将に関わる資料が少なかったこともあって、かつて、陸軍軍人であった人の話は貴重である。そのため、陸軍のエリートコースを歩まれた旧知の先輩瀬島龍三氏（陸大五十一期、中佐、関東軍参謀）、三岡健次郎氏（陸大五十五期、少佐、船舶参謀）、高橋巌氏（陸大五十六期、少佐、軍参謀）、上田泰弘氏（陸大五十八期、少佐、第五十一航空師団参謀）並びに、今日でも会えば旧軍隊に懐旧を寄せて談論風発する紅顔多感の海老原一三氏（名古屋陸幼四十八期）、松永太氏（名古屋陸幼四十八期）、塚本芳和氏（名古屋陸幼四十八期）の各氏から懇篤なるご指導をいただいた。また、私が拙著を刊行するたびに、心よく原稿整理などの縁の下の力持ちになってくれている林正光氏（横浜エフエム放送取締役総務部長）の各位に、深甚のお礼を申し上げたい。

それに、松川敏胤陸軍大将没後七十年の歳月を経た今となっては、大将に関わる資料乏しく、また、語られる人も少ないので、多くの高著、文献などから手探りさせていただいた。日本戦史の上に、輝かしき事績を残された不世出の名将なだけに、間違いがあってはならないの思いがあったからである。ここにお許しを乞う次第である。

小谷野　修

奇才参謀の日露戦争——目次

松川敏胤——陸士五期、陸大三期卒。メッケルの薫陶に接し、ドイツ留学。剛直果敢、奇略縦横、児玉源太郎の片腕として寝食を忘れ、日露戦争勝利に貢献した日本陸軍の頭脳。無欲恬淡爵位をも固辞、信念に徹した真摯の人であった

日露戦争時の陸軍首脳。右より松川、児玉源太郎、落合豊三郎、黒木為楨一軍司令官、乃木希典三軍司令官、大山巌、奥保鞏二軍司令官、野津道貫四軍司令官、一人おいて福島安正

長男恭佐、孫の安喜子、美弥子らに囲まれた松川敏胤、達子(中央)夫妻。生家が松川家の隣りだった著者は、子供心にも上品な達子夫人の姿を記憶している

陣中の三人の参謀——左より情報主任・福島安正
第二軍参謀長・落合豊三郎、作戦主任・松川敏胤

奇才参謀の日露戦争

――不世出の戦略家松川敏胤の生涯

第一章　軍人の町

1

その昔、私の家は東京世田谷の代田にあった。昭和の初め頃だったから、その時代の世田谷は荏原郡に属し、片田舎の風情を残す場所だった。ちょっと歩けば畑と森、そして、茅葺き屋根の農家が繰りひろげる田園風景のパノラマがそこかしこに点在していた。だから、時代性ということもあって、自然と陸軍の兵站ができる必然性があったのだろう。ここかしこに陸軍の連隊が存在していた。そのため、世田谷には画家、作家などの自然を愛する自由人のほかに、軍人家庭の温床の地ともなっていた。

わが家の近くだけでも、陸軍中将福原佳哉（陸大十七期、第十師団長）、中将上原平太郎（陸大十七期、第二十師団長）、中将四王天延孝（陸大二十一期、関東都督府参謀）、大将土肥原賢二（陸大二十四期、第十二方面軍司令官）、少将高田美明（陸大二十四期、第三十六旅団長）、相沢三郎中佐の凶刃により少将永田鉄山軍務局長（陸大二十三期、死後中将）が殺害されたとき、軍務局長と同室にいながら逃げたと嫌疑をかけられて無念の割腹自殺を遂げた大佐山田長三郎（陸大二十八期、兵務課長）、中将鈴木貞一（陸大二十九期、興亜院政務部長）、中将西大条胖（陸大三十五期、南方軍総参謀副長）、少将高橋常吉（陸大三十五期、東京航空校長）、少将湯原均一（陸大三十五期、第十一野戦輸送司令官）、中将山崎繁三郎（陸大三十六期、第五十四師団長）、西郷従道の孫の大佐西郷従吾（陸大四十四期、参謀）らのエリート軍人が住んでいた。

大佐、中佐の部隊長級となると珍しくはない。小学校でも級友に職業軍人の家庭が多かった。そのためか、子供のときから世間の子供と違い、軍人の階級をかなり意識するようになっていた。

「軍人になろう」と思うようになったのもこの頃だった。小学校を卒業して、旧制中学一年になると、陸軍幼年学校を目指して新宿百人町にあった予備校と世田谷の松原三丁目にあった勉強塾にせっせと通った。

「俺の家の回りには中将はいるけど、大将はいない。俺は軍人になるなら、大将になるんだ」それがその頃の私の夢だった。これが、その当時の多くの少年の夢だったかもしれない。

私の家の隣りに松川という家があった。女の子ばかり七人いて近所の注目の的だった。その松川家の五番目の順子ちゃんと私は同い年で、赤ん坊のときから兄妹同然に育てられた。私にとって幼時から巡り合った女性といえる。

当の順子ちゃんは一見、弱々しい体つきだったが、七人姉妹の中で一番気が強かったらしく、ときどき夜になると、母親から内玄関脇にある物置きに入れられて、泣き叫んでいた。

「お母様、もう悪いことはしません。許して下さい。出して下さい」

その甲高い泣き声は、戸を叩きながらのわめきとなって、空き地続きのわが家に聞こえた。夜になると物音一つしない静かな環境に、その騒ぎは響いた。私は、その悲鳴を聞くとたまらなくなって、

「また、順子ちゃんが叱られてるよ。僕、助けにいこうかな。物置きから出してあげようかな。松川さんのおばさん、こわい人なんだね」

と母に訴えた。すると、母は、

「この近所でご先祖様が『武士』だった家は、わが家と松川さんの家だけです。武士の家はお百姓や商人の家と違って、子供を厳しく躾《しつ》けるものです。それに、順子ちゃんのおじいさんは軍人さんで、陸軍大将という偉い人です。軍人の家は武士の家と同じで、子供の教育には厳しくするものです。しかも、順子ちゃんのお父さんは、お仕事で満州に行っていますので、お母さんがお父さんの代わりをしなければなりません。それでお母さんが厳しいのです。順子ちゃんは、お母さんのいうことを聞かないから叱られているのでしょう」

と諭すようにいった。

その頃から、私には順子ちゃんのことになるとほっとけない意識があった。どういうわけか、子供のときから腕白大将特有の弱い者に手を貸す勇み肌みたいなものがあった。

いつだったか、その順子ちゃんと遊んでいるときだったと思う。何かの話から、

「私のおじいちゃま、陸軍大将だったんだ」

と聞かされた。その言葉はそれから後、私の脳裏に深く刻まれた。

でも、「松川陸軍大将なんて聞いたことないな、きっと嘘だろう」。子供の頭にもこれを否定するものがあった。しかし、順子ちゃんの言葉は、その後の私の頭から離れ

ることはなかった。

2

その頃の私の陸軍大将のイメージは、その時代の講談社の絵本などに掲載されている軍服姿の凛々たる将軍だった。子供の夢をそそる威風堂々の軍服姿の軍人だった。

士族の党に殉じた初代陸軍の頭目西郷隆盛大将、北海道開拓を推進した明治政府の重鎮黒田清隆中将、権勢を掌中にした軍政家山縣有朋元帥大将、日清戦争を勝利に導いた頭脳の人川上操六大将、陸軍制度を確立した桂太郎大将、世界を驚かした北京籠城の提唱者柴五郎大将、単騎シベリア横断の大冒険家福島安正大将、遼陽の会戦を指揮した第二軍司令官奥保鞏元帥大将、陸軍の近代化を図った逸材大山巌元帥大将、日清・日露で陣頭指揮した戦将野津道貫元帥大将、日露戦争を勝利に導いた陸軍の頭脳児玉源太郎大将、果敢な旅順要塞の肉弾突撃を指令した乃木希典大将、騎兵集団の戦術を完成させた軍将秋山好古大将、ロシア国内を攪乱した謀将明石元二郎大将、軍人作家・惨雨血風の残酷に泣く桜井忠温少将、初代朝鮮総督をつとめた軍事行政家寺内正毅元帥大将、陸軍三長官を歴任した軍閥の巨頭上原勇作元帥大将、世界制覇を企画

・上奏した田中義一大将、十月事件収拾に動く皇道派の領袖荒木貞夫大将、民族協和をめざして満州新国家建設の夢を抱いた石原莞爾中将、満州建国に働いた板垣征四郎大将、祭政一致の内閣を組織した軍政官林銑十郎大将、誠心をもって日中親善の礎となった土肥原賢二大将、寡黙なる満州国上皇の武藤信義元帥大将、テロに斃れた上海派遣軍司令官白川義則大将、相沢中佐事件と二・二六事件を演出した真崎甚三郎大将、暗殺された統制派の軍務局長永田鉄山中将、皇道派青年将校の憎悪の標的渡辺錠太郎大将、南京事件の責を負ったA級戦犯松井石根大将、軍の惑星に終わった宇垣一成大将、国会の審議を止めた「だまれ」事件の主佐藤賢了大将、短命に終わった一族内閣阿部信行大将、阿部・米内両内閣を倒した畑俊六元帥大将、日独伊三国軍事同盟の推進者武藤章中将、日米開戦強硬論者が選んだ自裁の道杉山元元帥大将、国体護持の哀しきスケープ・ゴート東條英機大将、エリート軍人の赫々たる人生を辿って親子二代元帥となった寺内寿一元帥大将、マレーの虎の栄光と悲劇山下奉文大将、〝バターン死の行進〟に刻印された悲劇の名将本間雅晴中将、ガダルカナル島撤退作戦の今村均大将、階級章をはずし一兵卒としてガ島奪還作戦に挑んだ百武晴吉中将、終戦の日に割腹自殺をした阿南惟幾大将、ミズーリ艦上で降伏調印した梅津美治郎大将等々、キラ星のごとく並ぶ陸軍の将星だった。

だから、そこには松川大将の存在はない。でも、順子ちゃんの言葉をまったく無視したわけではなかった。それからというものは、本を読んでも絵本を見ても、松川大将の記事に関心を持った。

その頃の松川家には、達子さんというおばあさんがいた。年の頃は七十前後だったが、小柄で丸顔の柔顔だったせいか、年よりも若く、上品に見えた。道すがら顔を合わせてもガキ大将の私に微笑をたたえて、丁寧におじぎをしてくれた。ときには、立ち止まって頭を撫でてくれたりもした。だから、どこか違うおばあちゃまの印象があって、子供心にも高貴な人のように思えた。いつも丁字香《ちょうじこう》で整髪しているらしく、梳《す》いた頭をきちんと束ね、傍によると薄い芳香が匂った。それに、普段は落ち着いた和服姿に白足袋を履《は》いていたので、その物腰はどこか奥床しく映ったりもした。

近所の人の噂では、このおばあさんは若い頃、明治天皇のお側にお仕えしていたということだ。この時分は、まさかこの人が松川敏胤陸軍大将刀自《とじ》だとは知らなかったから、だれもがどういういわくの人か、関心事だった。この噂は、後にこの人が松川敏胤陸軍大将夫人だということがわかるまでつづいた。

達子さんの実家は片岡といって、出自は大阪だそうである。父君は有名な漢学者だったそうで、当時、志を同じくする同じ学者仲間の仙台在の岡千仭とは交流しきりだったという。そんなことから、松川敏胤とのご縁ができたのだろう。

私はよく順子ちゃんと遊ぶために松川家に出入りした。そのときは遠慮なしに各部屋の襖を勝手に開け放ち、奥座敷まで入り込んだりした。そんなとき、仏間からよく敏胤夫人の低く読経する声を聞いた。毎朝、四畳の仏間に籠もって一時間ほど読経するのが、この人の日課だったらしい。

その時分の松川家は、敏胤大将の長男の恭佐氏が当主だったが、いつも不在だった。聞くところ、恭佐氏は地元仙台の第二高等学校（旧制）から東大の農学部に進み、卒業すると満州国の役人になり、その頃は満州国牡丹江林野局の営林局長で現地に赴任していた。

だから、私は順子ちゃんのお父さんの顔は知らない。松川家の門柱に消えかかっている墨字の読めない「松川恭佐」の表札を見ては、きっとこわいお父さんだろうなと想像したりした。

恭佐氏は終戦後、この代田の家に引き揚げてくると、林野局総局長となって、日本林業技術協会に席を置き、満州から未帰還の人の安否を気遣っていたそうだ。

それから間もなくだった。松川家の表札は「秋田木材社員寮」という名に変えられた。知らぬうちに家を売却したらしい。近所のおばさん連中は、人手に渡ってしまった松川家の前に集まっては一大事とばかり、身振り手振りの井戸端会議をやっていた。この辺りで知らぬ者がないくらいの先住者の松川家がなくなることは寂しいことだった。おばさん連中の噂だと、それからの松川家は西荻窪へ引っ越したということだ。

3

松川家の近くに西大条という家があった。その場所は、今でいうと、小田急線世田谷代田駅にほど近い、環七通り沿いだった。当主は西大条胖《ゆたか》といって、陸軍中将閣下だった。胖氏は陸大三十五期で、昭和十九年十月から南方軍総司令官寺内寿一陸軍元帥大将麾下にあって百二十万南方軍の参謀をつとめていた。何でここで西大条胖陸軍中将のことに触れるかというと、西大条中将の奥さんは松川恭佐氏の妹、つまり敏胤大将の娘だった。その名を千代子といった。

西大条家の先祖も、松川家の先祖と同じ仙台藩士だったようだ。松川家より家格は高かったらしい。胖氏は幼いときから秀才の聞こえが高く、地元では評判の若者だったといわれる。やがて、陸軍士官学校、陸軍大学校と進みエリート軍人の道を歩むことになるのだが、その頃から、松川敏胤大将のお眼鏡にかなっていたと聞く。松川にしてみれば、同郷の若者の中に自分と同じ道を歩む青年将校が頼もしく見え、可愛くてしようがなかったのだろう。後で聞いた話によると、それが娘の婿さん選びの基準になったということだ。日本の陸軍が存在していれば、この人も、おそらく、陸軍大将になっていたのではなかろうか。

千代子夫人とは道すがらしかお目にかかることはなかったが、容姿端麗、和服姿がよく似合い、その身形《みなり》は、兄の松川敏胤大将に似て痩身スリム、九条武子夫人を思わせる楚々たる感じの人だった。

私の少年時代の記憶をもとに西大条家の知るところを語ると、西大条中将の子供は一男二女、長男は稔といって私の遊び友だち、昭和二年生まれであったと思うが、小学校を卒業すると成城中学に入り、当然、陸軍幼年学校をめざしたが夢は果たされなかったようだ。年からいって、最後の陸軍士官学校（六十一期）にも受験できたはずだが、その後の動向は知らない。

戦後五十年、最近になって私と同業の知友が西大条稔と交わりがあることを知ったので、再会の斡旋をお願いしたが、残念ながら、昨年亡くなられたということだ。昔を語りたかった友だけに惜しまれてならない。少年時代は、私に負けず劣らずの敏捷で活気溢れた少年だったことを思い出す。一人の姉恒子と妹孝子は美人姉妹と評判が高く、近所の男性の注目の的だったことを覚えている。私も注目していた一人である。今となってはお二人の近況も定かではない。

戦時中、わが家の近所から二人の軍人が征途につき、私は武装姿のご両人を、ご家族と一緒して見送った。一人はこの西大条陸軍中将、一人は小笠原信義陸軍中佐（陸士三十二期、戦死後大佐）であった。その後、小笠原信義中佐はガダルカナル島の上陸作戦に参戦、壮烈な戦死を遂げられた。小笠原大佐の息子恒信、利信兄弟とは、ガキ仲間から今なお交流をつづけている。

半世紀前、私の生まれ育った世田谷の代田というところはこんな環境だったのである。

第二章　無欲恬淡

1

私は過去において、貴重な体験をした。私は子供のときから軍人志望だった。軍人に憧れ、軍人になることが夢だった。一応海軍に入り、初志は貫いたものの、終戦という破局により、その夢はうたかたとなった。

ところが、戦後、伊藤忠商事に入って思いがけないところで陸大出身の生粋の元軍人に接し、軍人たる人の本質を垣間見ることができた。陸大出身のエリート軍人とは、どれほど優秀なのか。統率、指揮能力はどれほどなのか。人一倍関心があったこともあって、しんしんとその人たちの立ち居振る舞いを観察し、これの知得に努めた。

伊藤忠商事にあって、元エリート軍人といわれた人は、私が同社の社員であった長い間、直属の上司で、その当時昭和の憂国の士として雲上人になっていた瀬島龍三氏（陸大五十一期、関東軍参謀、中佐）、次は、昭和四十九年、過激派対策要員としてビル防衛の任務についていたころ、私の上司の警備隊長になった上田泰弘氏（陸大五十八期、参謀、少佐、戦後自衛隊に入り空幕長）、その次は、伊藤忠から出向させられて関係会社の経営に携わったとき、その会社の顧問として惜しみない協力をしてくれた三岡健次郎氏（陸大五十五期、船舶参謀、少佐）、そして最後は、伊藤忠商事を退社後、一身をなげうって横浜エフエム放送づくりに明け暮れしている最中、孤独の私を何かとアドバイスしてくれた高橋巌氏（陸大五十六期、参謀、少佐）であった。

いずれの人も能力秀逸で、個性群雄に勝るの感があった。私はこれらの人の言動によって元エリート軍人の高次元の能力、資質をうかがい知ることができた。

とりわけ、長い間、直属の上司として手取り足取りの薫陶を受けた瀬島龍三氏は陸大五十一期を首席で卒業したほどだから頭脳明晰はもちろん、参謀の特性とされた先見性、情勢判断、分析力にはひときわ光るものがあった。まさに、当時はキラキラと輝いている星のような存在に見え、近寄るのもこわかった。

だからというわけではないが、私が畏敬する松川敏胤も草創期とはいえ、陸大三期の首席、「日露戦争はクロパトキンと松川の戦であった」と言わしめた日本陸軍きっての奇才の戦略家。能力群雄に優るだけに、瀬島龍三氏と同次元の能力者だったことがうかがえる。後世に「薩長何するものぞ、戊辰の役で賊軍にされた仙台に男ありき、その名を松川敏胤という」と威名されたほどの傑出した人であった。

私が松川敏胤という人物を描こうと思ったのもここにある。まさに、松川を〝男の中の男〟と知ったからだ。

2

奉天会戦のとき現地を訪れた長閥陸軍のシンボル山縣有朋と桂太郎が、

「おい、松川、わが軍の上陸地点はどこか」

と聞いたとき、

「口の軽い長州人などにどうして話せますか」

と毅然として口を閉ざしたという。これは常々、戊辰戦争の屈辱を苦々しく思っていた松川の痛烈なしっぺ返しだったのだろう。

今は忘却の彼方だが、戊辰の役では仙台の地は官軍に踏みにじられている。このように厳として自分の信念を守る一徹の人が、今の世にいるだろうか。ましてや、相手は当時の陸軍を代表する二人である。今の世は、長いものに巻かれろ、権力にへつらう媚の才のある者は多くいても、上司、権力者の不正に堂々と自説を論調する硬骨の人は少ない。自分を賭けることになるだけになおさらである。人間だれしも臆病なのである。

そこで、松川敏胤だが、松川は仙台藩にあって鷹匠役をつとめていた安輔の長男として仙台市の土樋《つちどい》（現若林区土樋）で生まれた。土樋は、今でもかつての仙台藩士が住んでいた昔の静かなたたずまいがあり、現在でも当時を思わせる家並みが残されている。そこに立っていると、往事が偲《しの》ばれてくるようでもある。

藩政時代の土樋は、青葉城下防御の地域とされていた。だから、城下作りの原則どおり、そこには多くの寺院が配置され、防衛任務を担任させられていた場所であった。そのためか、当時のこの地域は下士階級の藩士住宅が多かったらしい。松川家もそうであった。

松川は幼くして藩校養賢堂に入り、仙台藩にあって勤皇家であり漢学者であった岡千仭《せんじん》について学んだ。その岡千仭は、幼にして俊才の聞こえ高い松川を、「幼にして天童」と称えている。よほど秀才だったのだろう。今でもそのエピソードは仙台に残されている。

藩校養賢堂は、五代藩主伊達吉村の時代に儒者高橋玉斉の建議によって元文元年（一七三六年）につくられた。以後、明治維新にいたるまで藩士の子弟が教育され、ここから多くの人材が輩出している。

千伋はじめ、秀才の松川を漢学者にしたかったらしい。だが、松川家が軽輩で微禄であったため、すぐ家庭の手助けができる教師になることをすすめた。やがて、県師範学校の前身、伝習学校を出ると、しばらく仙台市片平町小学校で教鞭をとっている。しかし、これからの世の中は貧乏人が人の上に立つためには軍人になるのが一番手っ取り早いと自覚すると、陸軍士官学校をめざした。そのため、上京すると、いったんは受験準備のため二松学舎に学んでいる。念願が叶い、陸軍士官学校に合格すると、明治十三年、第五期生として入学、その後に入った陸軍大学校は明治十八年入校の第三期生であった。

このとき周りの人を驚かせたことは、松川が少尉で陸軍大学校に入学したことだった。陸軍大学校は中尉で入学し、大尉で卒業するのが常識とされていたときである。当然、大学校は首席卒業であった。当時、首席で出ると恩賜の望遠鏡をあたえられる慣例があったが、松川もその望遠鏡組であった。

当時の陸軍大学校の優等卒業生には、恩賜品が下賜されることになっていた。それによると第一期から第六期までは望遠鏡であったが、その後は軍刀になったそうである。「恩賜の軍刀」という言葉は、それに由来している。ちなみに、海軍大学校では明治二十六年以降、優等卒業生に対して「恩賜の長剣」が下賜されている。なお、陸海両大学とも首席卒業生は天皇陛下の御前で御前講演する光栄に浴していた。松川もその光栄に浴したのだろう。

かつて、私は取材のため仙台市博物館を訪問したが、その折、桐の箱に収められている現物を拝見した。日清・日露の戦いで使ったらしく、黄塵と手垢で汚れているように見えたが、桐の箱の蓋の裏には、明らかに敏胤の自筆で「賜品陸軍大学校優等卒業の際に於ける恩賜品」と書かれていた。その頃の陸軍大学校は、和田倉門（皇居の東側）付近にある旧大名屋敷跡にあった。松川もそこに通ったことになる。

陸軍大学校を卒業してからは、同じ東北秋田の出身で陸軍にあって驍勇無双とうたわれた大島久直（のち大将）に見出されたことが出世の端緒となっている。それは、大島が連隊長のとき、彼はその部下にあって中尉、大島が台湾総督府参謀長のとき、彼はその麾下にあって参謀、大島が陸軍大学校長のとき、彼は兵学教官。

こうしてその後は参謀本部に入ることになるが、今度は陸軍の切れ者といわれた川上操六少将（のち大将）に目をつけられ、メッケルのドイツ兵学を学ぶために明治二十六年から二ヵ年、ドイツ国ベルリンに留学している。

その後の日清戦争には第二軍司令官大山巌の下で参謀として出征。明治三十五年五月、教育総監部野戦砲兵監に転じた伊地知幸介少将（のち中将）のあとを襲うて、参謀本部第一部長に就任している。凡庸といわれた伊地知は、陸士二期の卒業で、松川より三期先輩であった。

これからが松川の本領発揮となる。「今信玄」といわれた田村怡与造と、そののち参謀本部次長となった児玉源太郎を輔《たす》けて日露戦争の準備に没頭する。

そして、日露戦争はじまるや、児玉参謀長の下で作戦主任参謀となり、寝食を忘れて心血を絞って作戦に当たったたが、その大胆な作戦ぶりは彼の天賦の素質にもよるが、往々にして周りの人を驚かせたりした。彼はまったくの謀将で、軍人として斬将奪旗の功はなくても、帷幄《いあく》参謀の功は何人にも譲らなかったわけである。

3

ここで田村怡与造について語ろう。

田村怡与造は、川上操六門下の逸足として早くから部内で名をなしていた。彼は甲斐に生まれ、第二期士官生徒として陸軍士官学校を卒業している。後にドイツに留学して在独五年ののち、明治二十一年六月に監軍部の参謀に補せられた。時の監軍は山縣有朋、参謀長は児玉源太郎であった。

ここで彼は、わが軍隊教育の諸制度をつくったことが時の参謀次長川上操六に認められるところとなり、以後、野外要務令、戦時勤務令、軍隊編成の方法などを起草してその信頼に応えた。

彼はじつに超群の逸材であって、剛毅果断、精励努力また直情径行。その所信の前には何人にも屈せず、しかも他面部下に対しては厳格のうちに溢れる情味を示し、彼が参謀本部内で隆々たる権勢を有したのは、持ち前の手腕だけではなく、部下の信頼と尊敬が大きかったことからによる。

参謀総長川上の没後、明治三十三年四月、少将に進み、大山参謀総長の下で参謀次長となり、文字どおり部内の実権を掌握した。彼は長閥の前に少しも服することなく、山縣を訪問しても、気ままにあぐらをかいて平気でしゃべったという。また、次長として陸軍大学校の卒業式に臨んだときは、肥馬に鞭打って到着し、佩剣を左手に杖つき、傲然と自分の席に着いたともいう。はたから不遜、傲慢といわれようが、いっこうにおかまいなく、とにかく太い神経、不屈の精神がその全身に漲《みなぎ》っていた。

だが、長閥の中心人物、寺内正毅（のち元帥大将）にはよく反発したらしく、その精神は、彼と志を一つにする反長閥の福島安正（長野）、井口省吾（静岡）、松川敏胤（宮城）、大沢界雄（愛知）、上原勇作（鹿児島）、落合豊三郎（島根）、柴五郎（福島）、松石安治（福岡）らにも受け継がれ、ことごとくが彼に踏襲したという。

右のような人を擁したことで力を得た参謀本部次長田村は、渾身の智謀を傾注して対露戦備をととのえた。なかでも過去の戦役の教訓にしたがって作られた後方勤務令は、戦勝の有力な一因をなしたといわれるが、この勤務令は彼みずからが起草したものである。

明治三十五年二月には、清国に赴いて袁世凱と会見して清国の動向を探り、ウラジオストックに行って、ロシアの情況を偵察し、万全の対露作戦の計画は、こうして着々と立てられていった。

しかるに過度の勤労のために健康を害し、明治三十六年十月、日露開戦の四ヵ月前、惜しくも長逝した。享年わずか五十歳の若さであった。同日、中将に昇進したが、長生きしたならば、当然大将になった器であったろう。

この訃報が伝えられるや、首相桂太郎は雨をおかして田村邸を訪い、棺の蓋をとって静かにその顔をなで、思わず大声を発して、「ああ、残念なことをした」と叫んだという。これを見た同座の者は皆、涙珠禁じ得ず、頭を上げえなかったそうだ。田村はこういう偉大な人物であって、世人は彼を甲斐の生まれにちなんで「今信玄」といったが、それは決して過褒ではなかった。けだし陸軍が生んだ偉才というべき人物であった。

4

松川は、凱旋後には海軍の中佐であった秋山真之とともに貴衆両院に臨み、満州軍の作戦経過を報告しているが、その報告は音吐朗々、条理整然、聞く人は満堂酔うように傾聴したという。これからも、松川敏胤は秋山真之と並び、日露戦争陸海軍を代表する花形軍人であったことがわかる。

戦後、松川は断わり切れずにたった一度だけ講演したことがある。その場所は、明治四十四年四月十六日、北陸三県小学校連合大会で開かれた会場であった。そこで松川は、「日露戦争戦略経過」と題して一時間あまりしゃべっている。そのときの原稿は今も斎藤健氏宅に保管されているが、それを読むと、松川が貴衆両院に臨んで講演した内容がうかがえる。そこからは、日本の運命を担った作戦参謀の裂帛たる気合いが感じとれてくる。

それから後、歩兵第六旅団長、歩兵第二旅団長になり、中将に進んで第十師団長（明治四十五年一月～大正三年八月）、第十六師団長（大正三年八月～大正五年八月）、東京衛戍総督を経て朝鮮駐劄軍司令官（大正六年八月～大正七年六月）となった。朝鮮駐劄軍司令官は、井口省吾中将、秋山好古中将の後任であった。

大正七年七月、大正に進むと軍事参議官に納まり、その後の大正十一年十一月、陸軍軍人の生活に終止符を打った。彼の明知と造詣をもってすれば、当然参謀総長になってよい人物であったろう。それが閥外であったために中央機関にすわることなく、損な役回りの地方回りばかりさせられていた。また、戦後、陸軍大将勲一等功二級の栄誉を授かったことからも授爵に値する人であったが、長州閥陸軍に疎遠されていたこともあるが、彼みずからが敢然とこれを固辞したといわれている。

日露戦争に軍功のあった将軍で授爵を蹴った人は、松川敏胤と秋山好古大将の二人であったというが、もともと目立つことを嫌い、野心なくして脇役の参謀に徹した人だけに、自分一人が栄誉に輝くなどということは本意ではなかったのだろう。

この人の生きざまは、まさに名作を仕上げる職人のニヒリズムであったように思う。無欲恬淡、滅私奉公、ひたすら男の甲斐性のために正義を貫く。今の世にこういう人はまずおるまい。

後になったが、松川が経歴した東京衛戍総督とはいかなる任務であったのか、これを記してみよう。

衛戍総督とは、明治二十八年十月の「衛戍条件」および明治四十三年三月の「衛戍勤務令」によると、地域にある諸部隊（病院を含む）を指揮して地域の治安維持を図り、ひとたび暴動、騒動などが起きたときはそれを鎮圧、制圧するとしている。いわば、その地の警備および軍隊の秩序、軍紀、風紀の監視並びに軍隊に属する建築物の保護、これらのことを監督、監視する役目であったという。地方官の請求により、兵力、兵器を使用して米騒動（大正七年）やストライキ、災害救助などを鎮圧した実例が残っている。

第三章　参謀適任証

1

軍国主義日本の時代にあって、出世街道を約束された超エリートたちの学校、陸軍大学校は明治十五年（一八八二年）に創設され、今次大戦の終わる昭和二十年（一九四五年）に廃校された。

その間、じつに六十余年の長きにわたっているが、驚くなかれ、卒業生はわずか三千四百八十五名の少数であった。今の大学なら一学年の人数である。この厳選主義が、彼らを超エリートとして色あげしたのだろう。文字どおり、陸軍大学校は陸軍兵学の象牙の塔であった。

陸軍大学校は参謀総長直属の機関とされた。陸軍士官学校を卒業して少尉に任官すると、数年間の隊付勤務をさせられる。その間にあって、隊長から推薦を受けた優秀者を集め、厳格な入学試験を行なって合否を決定する。

試験は体格検査と、主として軍事学の一次試験、人物査定の二次試験に分かれる。二次試験は、一次試験に厳選された者を一人ずつ室内に呼び入れて猛烈な方法で実施する。試験室には、こわもてでいかつい顔の参謀格の試験官四、五人が威儀を正して控えている。だから、たいていの受験生は一歩、室に入っただけでその雰囲気に圧倒され、アブノーマルになってしまう。

こんな状態になった受験生を、三十分以上も鋭い声で、試験官は蜂の巣攻めにする。受験生の方は失敗してはいけないという気負いがあるものだから、完全に平常心を失って正体を暴露してしまう。

こうして、難関を突破した受験生が入学すると、三年間厳しく鍛えられ、やがては参謀の卵に育っていく。

私の竹馬の友に森田君というガキ大将がいた。森田君の父親は当時海軍大佐で、海軍大学校の教官をしていた。おかげで、夏休みになると一緒して目黒にある海軍大学

校にたびたび訪れた。あるとき、その森田君から、海軍大学校入学時の口頭試問では受験生の注意力を試すために、

「今、君が上がってきた階段は何段あったか」

と、とっさに聞かれるのだと教えられた。今になってもこのことを思い出すが、それ以来の私は、階段を数えて上がる癖がついてしまい、今日でもそれが直らないでいる。だから、通い慣れた階段なら、たいていその数を知っている。

松川敏胤は陸軍大学校の三期生である。三期生は明治十八年四月に入校すると、同二十年十二月十日に卒業している。在学期間は約二年八ヵ月であった。卒業生は一期の十名、二期の九名とくらべると少なく、三期はわずか次の七名であった。ちなみに、四期は十三名、五期は十名と増えている。

これが明治三十六年に入学した二十期以降には五十名を超えるようになり、昭和十七年に入学した五十八期から後になると百名を超えている。ちなみに、陸軍大学校は終戦の年、つまり、昭和二十年に入学した六十期をもって終わりを告げる。その数は百二十名であった。

少将　十二旅団長　　　　恒吉忠道

少将　十五旅団長　児島八二郎
歩大佐　後備歩四連隊長　吉田貞
大将　朝鮮軍司令官　松川敏胤
少将　五旅団長　黒沢源三郎
三等監督　金窪義孝
歩中佐　歩二十三連隊大隊長　加藤錬太郎

おそらく、入校した当時の学生は、この二倍、三倍はいただろう。途中、ついていかれなくて脱落した者がいたはずである。

三期の優等生は恒吉忠道、児島八二郎、それに松川敏胤の三名だったが、首席は松川である。当時の優等生には、参謀適任証があたえられることになっていた。おそらく、その第一号は松川に授与されているはずである。とにかく、在学中の評価は「稟質英才衆に抜きんず」といわれたほどだから、優秀だったことがうかがえる。

2

この頃の日本の兵学は、ヨーロッパ兵学の導入に傾斜していた。そのため、明治十六年（一八八三年）、日本に陸軍大学校が創設されると共に、その範をドイツに求めるため、翌十七年、陸軍卿大山巌以下の軍事委員がドイツに派遣され、青木周蔵公使を介してドイツ政府に対し、「一参謀将校を招きたい」と申し入れた。

その折、陸軍大臣シェルレンドルフ将軍は、フォン・デル・ゴルツ大尉を推薦したが、参謀総長のモルトケ（一八〇〇〜一八九一年）は、当時陸軍大学校教官で偉材といわれていたメッケル少佐（一八四二〜一九〇六年）を選んだ。

モルトケは当時のドイツ軍の参謀総長。奇才とみに溢れ、戦争の神様といわれた人。六四年のデンマーク戦争、六六年の普墺《ふおう》、普仏戦争に勝利した名将として知られていた。甥の小モルトケも、ドイツ軍の参謀総長となって第一次大戦で活躍している。

メッケルは来日が決定すると、明治十八年三月、東京に着任し、早々に陸軍大学校の教壇に立った。そして、学生にドイツ式の軍制、装備、教育訓練、要塞配置、架橋、輜重、それに諸々の戦略、戦術、戦史、参謀要務などを熱心に教えた。

口伝によると、講義は声を大にして熱のこもったものだったという。当時学生であった松川も、当然その講義を聞いたことになる。

メッケルはモルトケの秘蔵弟子であり、後に陸軍少将参謀次長にまでなった俊才である。二十九歳で軽薄、驕慢な皇帝ウィルヘルム二世と気が合わず、一八九六年に心臓病を口実にして辞職したが、辞めなければ、参謀総長になった人であったろう。当時のドイツはフランスとロシアに対して二面作戦を考えねばならない重大な局面に立たされていたので、明治二十一年までの三年間という大事な時期に、よくもモルトケがメッケルを手放したものだと不思議に思うのだが、これはモルトケの遠謀深慮によるものだった。

後日談だが、彼はロシアの背後にある小国日本を強国にすれば、おのずとロシアは牽制できる。来るべき対露作戦に備え、決して無駄な布石ではないと読んでいたという。恐るべき先見である。これが参謀の頭脳というのだろう。

メッケルが陸軍大学校にいる間、直接、間接に教育を受けた学生は、彼の在任期間からいって一期から八期ぐらいまでであったと思われる。そのため、日露戦争において勝利の原動力となった日本軍の将帥と参謀のほとんどが、彼の教育感化を受けたことになる。とりわけ、明治十六年入校の一期生井口省吾（のちに大将、満州軍高級参謀――朝鮮軍司令官）、同十八年入校の三期生松川敏胤（のちに大将、満州軍高級参謀――朝鮮軍司令官）は、メッケル門下の俊才とうたわれたが、この二人が児玉源太郎満州軍総参謀長の両腕となって活躍したことが、日露戦争勝利への原動力となったことは否めない。

ちなみに、児玉源太郎が満州軍総参謀長になったとき、メッケルによって教育された学生が各兵団の参謀として活躍していたが、過去に陸軍大学校の校長として参謀教育に努め、おのずとメッケルの感化を受けていた児玉にしてみれば、自然とモルトケ流の参謀グループが自分の膝元に出来上がっていたことになる。参考までにその名を付そう。（ ）内は当時の職務をあらわす。

◇第一期生（明治十六年四月十二日入校、同十八年十二月二十四日卒業）
井口省吾（のちに大将、満州軍高級参謀）、秋山好古（のちに大将、騎兵第一旅団長）、長岡外史（のちに中将、参謀次長）、藤井茂太（のちに中将、第一軍参謀長）

◇第二期生（明治十七年二月十五日入校、同十九年二月二十八日卒業）
落合豊三郎（のちに中将、第二軍参謀長）、林太一郎（のちに中将、第八師団第二軍参謀長）

◇第三期生（明治十八年四月入校、同二十年十二月十日卒業）
黒沢源三郎（のちに少将、第十師団第四軍参謀長）、松川敏胤（のちに大将、満州軍高級参謀）

◇第四期生（明治十九年一月二十九日入校、同二十一年十一月二十八日卒業）

内山小二郎（のちに大将、鴨緑江軍参謀長）、大井成元（のちに大将、ドイツ駐在武官）、野口坤之（のちに中将、第四師団第二軍参謀長）、仁田原重行（のちに大将、第五師団第二軍参謀）

◇第五期生（明治二十年一月三十一日入校、同二十二年十二月九日卒業）

立花小一郎（のちに大将、第四軍参謀）、明石元二郎（のちに大将、ロシア駐在武官）

◇第六期生（明治二十年十一月二十日入校、同二十三年十二月二日卒業）

松石安治（のちに中将、第一軍参謀）、宇都宮太郎（のちに大将、イギリス駐在武官）

◇第七期生（明治二十一年十一月二十七日入校、同二十四年十一月二十八日卒業）

由比光衛（のちに大将、第二軍参謀、第八師団参謀長）

◇第八期生（明治二十二年十二月二日入校、同二十五年十二月二日卒業）

大庭二郎（のちに大将、第三軍参謀）、田中義一（のちに大将、満州軍参謀）、山梨半造（のちに大将、第二軍参謀）、栗田直八郎（のちに中将、第一軍参謀）

ところで、参考までに付すと、明治十六年四月、陸軍大学校第一期生から終戦の年の昭和二十年二月入校の第六十期生までの間、大将になった人は総数百三十四名、うち元帥十七名、皇族九名であった。ちなみに、海軍は海軍大学校に明治二十一年十一月十五日に入校した甲号第一期生から昭和十八年七月一日入校の甲種第三十九期生まで、大将になった人は総数七十七名、うち元帥十三名、皇族三名であった。

第四章　元帥の称号

1

前記したように、松川敏胤が陸軍少尉で陸軍大学校に入学したのは、明治十八年四月であった。まだ未確立の草創期に当たる陸軍大学校とはいえ、少尉で陸軍大学校に入学することは稀有のことである。大方の学生は隊付勤務やら大学受験のために時を経過するため、中尉になったときに入学し、一階級上の大尉になって卒業するのが当たり前であった。

大橋武夫著の『参謀学』から、当時の陸軍大学校の学生の生活実態をうかがえる面白い記事がある。

「当時の陸軍大学の学生は生活が貧しかった。やりくり中尉、やっとこ大尉といわれたように尉官学生が多く、たいがいは初めての赤ん坊を抱えてオロオロしている若い奥さんを持っており、とくに田舎から出て来た奥さんは、東京の物価高生活になじめず途方に暮れる。そんなとき、教官に訴えると、『妻は病床に臥し、子は飢えに泣く。そういうときに飯を炊きながら考えた作戦でないと迫力がない、いい知恵が出ない』とうまく撃退されてしまう。

おそらく、松川のように少尉で陸軍大学校に入学した人は、陸軍大学校六十年の歴史の中でもそうはおるまい。これは、未成熟時代の陸軍大学校だったから、そういう現象があったといえるのかもしれない。後年、私の社会生活で巡り合った瀬島龍三氏でも五十一期を中尉で入学し、大尉で卒業している。氏は陸軍士官学校四十四期を優等、陸軍大学校五十一期を恩賜で卒業した人である。後年のことだが、陸軍大学校の受験資格は中尉までで、大尉になると受けられないきまりとなっている。これからも、松川の優秀さがわかってくる。

松川の経歴をみると、松川は明治十五年、陸軍士官学校を卒業すると、いったんは広島鎮台歩兵十一連隊の隊付勤務をしている。当時の鎮台司令官は陸軍少将野崎貞澄

（のち中将）である。そして、明治二十年、陸軍大学校を卒えると、教導団の教官となっている。教導団とは、優秀な下士官兵を養成する機関である。明治初期にはこのコースを経由して陸軍士官学校に進み、大将になった人も少なくない。大尉に進級したのは、それから後の明治二十三年のことである。この足跡から、何事にも人より一歩先んじて止まない松川の天性がわかってくる。ずば抜けた人だったのだろう。

それからは、日清開戦急をつげる明治二十六年、空前絶後の陸軍の名参謀総長とうたわれた薩派のホープ川上操六少将（のちに大将）と当時陸軍大学校の教官であったメッケルから、その器を愛重され、ドイツに留学している。松川は三年間の留学中、ベルリンに滞在していたことがわかっているが、ベルリンでの詳しい足跡はわからない。お孫さんたちに聞いても知らないという。古い資料によると、松川はベルリンの国会議事堂近くに下宿していたらしい。そこがどこなのかは、今となってはわからない。

一期先輩に陸大戦死者一号となる榊原忠誠（のち少佐）がいるが、この人はメッケルに寵愛され、卒業後はドイツのバイエルン王国歩兵第九連隊付を命ぜられ、イルッブルグに滞在している。これから類推できるように、松川も同じような配属勤務をさせられていたのではなかろうか。

こんなエピソードがある。松川がドイツ留学生としてベルリンの下宿屋にいたときのこと、後輩の明石元二郎（陸大五期、のち大将）が尋ねてきた。さっそく二人は乾杯ということになったが、粗忽者の明石は、せっかくのお祝いの葡萄酒をひっくりかえしてしまった。おかげで、敷きつめてある新品のジュウタンを汚してしまい、下宿婆さんにこっぴどく叱られたということだ。漫画にでも描きたくなるような滑稽な構図が浮かんでくる。

ちなみに、当時の陸軍士官学校は市ヶ谷の尾張屋敷があったといわれる高台にあった。第一回士官生徒がそこに入校したのは、明治八年のことである。

2

ところで、陸軍大学校には昭和八年に「専科」なるものが併設された。止むを得ない事由で、陸大受験の機を逸した優秀な人材を救済し、師団級の参謀要員を育成するという目的で、一年の短い課程であった。この制度は昭和十九年までつづき、以後は陸大自体が戦時非常の措置ということで、修学年限を一年に短縮したことにより、ことさら存在の意味をなくして廃止されている。戦時中、銀幕にまで登場した空の英雄

「加藤隼戦闘隊」の主人公、陸軍少将加藤建夫は専科の六期生であった。

私は旧制中学時代、多分、教練の時間だったと思う。配属将校からこんなことを聞かされたのをおぼえている。

明治二十年十月七日の勅令第五十三号によって〝天保銭〟というものが制定された。これはフランスの軍隊を真似たものだが、日本の陸軍にあっては陸軍大学校を卒業すると、軍服の胸に〝天保銭〟を佩用《はいよう》することが許された。〝天保銭〟というのは、天保六年（一八三五年）に幕府が鋳造した楕円形の貨幣をいうが、それにそっくりだということで、一般に「てんぽうせん」といわれた。当時はこれを胸にしていると、いかにも「我こそは陸大出身なり」を誇示しているかのように見え、別人格のように映ったという。

海軍でも、陸軍と同じく海軍大学校甲種学生卒業生には、この徽章が授けられている。しかし、海軍は「弊害ありて不適」ということで、大正十一年十一月二十三日、廃止されている。遅れて陸軍でも、二・二六事件後の五月一日、軍令第三号によって廃止された。

ちなみに、陸軍では陸軍大学校を卒業していない者を〝無天〟といって差別していた。また〝無天〟の優秀者が揃っていた各兵科の実施学校などでは、〝光を失った天保銭〟のことを〝さび天〟といって小馬鹿にするふうがあった。陸軍大学校を出ていても不適の者がかなりいたという。

私の長兄は陸軍大尉で中国戦線に長くいたが、この〝光を失った天保銭〟にはずいぶん悩まされたそうだ。当時の天保銭組の中には、伊達男のようにピカピカの長靴をはいて第一線にやって来て、飛弾砲裂の戦線とかけはなれた現実ばなれのような命令、訓令をして空威張りするものだから、兵隊にまで蔑《さげす》まれていたという。

現代社会でもそうである。情けないかな、仕事もできないくせに、自分の出身大学を鼻にかけて得意然としている輩がいる。世の中に出てからの能力は経験値である。経験から分別、判断が割り出される。経験もないくせに、現場も知らないくせに、小利口ぶったり小理屈ばかりたれるものだから、馬鹿にされて相手にされなくなってしまう。私は子供の頃、この〝天保銭〟を胸にした軍人をみると、神様のように映ったことを覚えている。

3

ところで、松川敏胤が陸軍大学校で教官をしているとき、その教え子でただ一人元帥に列せられたのが武藤信義大将であった。武藤は陸大十三期の首席だったが、この期からは四十一名の卒業生を出し、大将には関東軍司令官をつとめた武藤をはじめ、侍従武官長になった奈良武次、朝鮮軍司令官になった森岡守成、台湾軍司令官になった菅野尚一の三人を出し、中将には十四人が名を連ねている。中将のなかには田村怡与造の弟沖之甫もいたが、彼は途中、病気に罹《かか》り、大正七年十一月に待命となり、翌年四月十一日に死んでいる。惜しい人であった。

ところで、武藤信義は佐賀の出身。明治二十六年に歩兵少尉に任官すると、日清戦争には歩兵第二十四連隊の小隊長として出征、戦後に陸軍大学校に入り首席で卒業。そして、日露戦争には少佐で近衛師団参謀として出征した。師団の緒戦たる鴨緑江戦において、彼はみずから請うて単身偵察に出て、朝鮮服に姿を変え、二名の幼児を借り受け、避難民を装うて対岸に渡り、詳細に敵状を偵知して帰った。

戦争の中途で鴨緑江軍の参謀に転じ、川村景明軍司令官（元帥大将）の帷幄にあって、奉天会戦に参加している。

彼はロシア語をよくし、部内のロシア通と目されていたので、戦前に特命を帯びてウラジオストックに行き、決死の覚悟で要所を探索して非常な功績を収めたこともあった。そのためか、シベリア出兵のときには特命機関としてシベリアで働いた。ゆえに彼は謀将として二回、戦乱に赴いたことになる。シベリア出兵後は、参謀本部の第一および総務部長、第三師団長、参謀次長、東京警備司令官、関東軍司令官を歴任して教育総監となった。

昭和五年二月、参謀総長の鈴木荘六が定年満期でやめるに当たって、彼の閲歴と才幹とは、参謀総長の適任者と目され、部内の輿望は彼に集まったが、彼はこの栄職を後進の金谷範三（陸大十五期、のち大将）に譲った。そして、昭和七年五月、林銑十郎の陸相不就任問題が起きたとき、彼はみずから請うて軍事参議官に転じ、林を教育総監の椅子に座らせた。彼の無欲の態度は、じつに立派なものであった。欲の皮が突っ張っている、今の世の経営者たちに教えたいくらいである。

ところがその八月、関東軍の陣容一変のとき、彼は再度の関東軍司令官に任ぜられた。しかし、その関東軍司令官とは、従来の関東軍司令官とはちがい、特命全権大使と関東長官を兼ねた大官であった。軍事、外交、行政の三権を兼有する陸軍大将であって、摂政関白太政大臣の昔はいざ知らず、明治以降の臣下として、これだけの権能をもった者はいない。

こうして、満州に赴任して一ヵ月もたたない翌八年五月、彼に元帥の称号があたえられたのである。陸軍大将の最上位にあった彼に元帥があたえられたことは、当然といえば当然かもしれないが、しかし、軍人の最高の元帥の選考として、果たして適当であったかどうか。それは二回の出征と事変中の軍司令官の戦歴が、彼の元帥選考の条件を満たしたのであろう。だが、このことは後になって残念なことだが、荒木陸相の策謀から出たことだと噂されている。いずれにしても、これには軍閥の恣意が認められたのである。

では、ここで元帥とはいかなる大将にあたえられた称号なのか、当時の元帥府条例から引用してみよう。

元帥は、元帥府に列せられた陸海軍の大将に賜わる称号であって、武人最高の栄位である。元帥府が設置されたのは明治三十一年一月十九日であって、元帥府条例は左の五条からなっている。

第一条　元帥府ニ列セラルル陸海軍大将ニハ特ニ元帥ノ称号ヲ賜フ

第二条　元帥府ハ軍事上ニ於テ最高顧問トス

第三条　元帥ハ勅ヲ奉ジ、陸海軍ノ検閲ヲ行フコトアルベシ

第四条　元帥ニハ元帥佩刀及ビ元帥徽章ヲ賜フ

第五条　元帥ニハ副官トシテ左尉官各一人ヲ附属セシム

なお、元帥府条例設定以来、元帥府に列せられた大将は、陸軍十七名、海軍十三名、

合計三十名、うち皇族八名であった。

武藤信義についてつづける。武藤はかくして軍人の最高位に昇った。まさに幸運というべきであったろう。ところがその幸運は、わずかに三ヵ月もたたない七月二十七日をもって消え、黄疸という死病とも思われない病気によって長逝した。彼にとって、元帥とは荷の重いものであったのかもしれない。六十五歳であった。

第五章　謀将の最期

1

日本に参謀本部が誕生したのは、明治十一年（一八七八年）十二月五日のことである。この日、これまで陸軍省の外局にすぎなかった参謀局が廃止となり、新たにドイツ参謀本部を真似て参謀本部がつくられた。

日本陸軍の創立当初は、徳川幕府が慣行としていた制度、要領を引き継ぎフランス式であった。そのためか、その頃は近代兵学を学ぶためにフランスに留学する者が多かった。古くは大山巌、陸軍大学校が創立されてからは一期生の秋山好古（のち大将）、七期生の蠣崎富三郎（のち中将）、九期生の白井二郎（のち中将）がこれについでいる。

ところが、明治三年（一八七〇年）に起きた普仏戦争によって事態は一変している。フランスがドイツに完敗したのである。そこで、どうせ学ぶなら勝ったドイツの方がいいのではないかということになり、それがきっかけとなってフランス式がドイツ式に改められることになった。

こういう経過で参謀本部はスタートをみたが、内容的には貧弱きわまりなく、とてもドイツ参謀本部の足元に及ぶものではなかった。

実際に、日本陸軍の戦略、戦術がドイツ式といわれるようになるのは、明治十八年（一八八五年）にドイツ参謀本部よりメッケル少佐を招聘《しょうへい》してから後のことである。そして、日本側にあってドイツ式戦略、戦術導入の推進役を担ったのが、当時、参謀本部第一局長の職にあった児玉源太郎であった。

メッケル少佐は、ドイツ参謀総長モルトケの秘蔵っ子だったが、日本陸軍に招聘されると早々に陸軍大学校で教鞭をとった。帰国したのが明治二十一年のことだから、教えた期間はごく短いものだったが、そのときの教え子たちが日露戦争では各軍や師団の参謀長クラスとなって、戦争を勝利に導く大きな原動力となった。陸軍大学校を三期で卒業した松川敏胤もその一人である。

松川は日露戦争では満州軍参謀という職につき、児玉源太郎の片腕として全知能を湧出させている。その頃の松川は、児玉の頭脳といわれていた。後に日露戦争戦勝の成果からか、日本陸軍の頭脳といわれるようになっている。

児玉は明治三十七年六月二十日、満州に総司令部を創設するに当たり、井口省吾や松川敏胤といった逸材を参謀本部から引き抜き、無能者を残した。伊地知幸介は残され、親戚の大山巌の斡旋で、乃木大将の下で第三軍参謀長となっている。

メッケル少佐は、児玉源太郎を非常に尊敬していた。児玉もメッケルに心酔していた。現に参謀本部第一局長だった児玉は、陸軍大学校の校長にもなっている。このように二人は短い期間ではあったが、一蓮托生といわれた関係があったわけで、その間、メッケルは児玉の柔軟な思考と独創的な発想に驚かされている。日本人の優秀な頭脳を、児玉によって見出した感がある。

後世の人は、こうしたことからか、児玉源太郎抜きにして明治の日本陸軍は語れないという。当時の児玉の上に大山巌、山縣有朋という陸軍の大御所がいたが、実際に兵制を改革して近代化を進めたのは児玉源太郎だったのだから、そのようにいわれても然りかもしれない。

しかし、当時の児玉の下には智力溢れた幕僚が揃っていたことも隠せない。とくに前記した井口省吾（大将、陸士二期、陸大一期）と松川敏胤（大将、陸士五期、陸大三期）は、児玉の両腕といわれた。とりわけ、大事をとりすぎ、消極戦法に甘んじる井口に比べて、積極果敢で攻めの攻撃作戦を駆使する奇才の持ち主といわれた松川は、児玉のお気に入りであった。

調査してわかったことだが、児玉の周囲を唖然とさせた機略縦横の作為策謀も、日露戦争時の鮮やかな戦略・戦術も、終始、児玉に寄り添い、付き添いして追随した松川の頭脳によって編み出されたものが多く、そのためか、その頃の松川は、部内で児玉の知恵伊豆とも評されていた。

2

いつの世にも、一人の傑出した偉人をつくりあげるためには「万骨枯る」の道理があるが、「この親分のためならエンヤコラ」、そうしたおみこしを担ぐ者がいてこそ成就できる上下の構図なのである。これから類推して児玉の手柄、功績は、足下の松川なくしてはでき得なかったのではなかろうか。

陸軍大学校の校長を務めた児玉はその後、明治二十五年に陸軍次官、三十一年に台湾総督、三十三年に陸軍大臣と顕職を歴任したが、それでいて地位や名誉には少しも固執しない人柄だったという。

これは今日の時代の警世といえるものではないか。現世の人々よ、学ぶべきこと多々である。私の周りには功成り名を遂げていても、老醜に生き恥をかいていても、なお自分の欲得にあくなき執念を燃やす人がいるが、これを見ると何とも情けなく、寂しい気持ちが募る。世の中の生々流転の原理を知っていれば、自分の人生に花を添える〝引き際〟を真剣に考えるべきではないかとつくづくと思う。しかし、煩悩を忘れ去れない人間には無理であろうか。

ロシアとの戦争が回避できなくなった明治三十六年、内務大臣、台湾総督だった児玉は、参謀次長に格下げされる不運に見舞われた。

このときの経緯を、司馬遼太郎著『坂の上の雲』は、このように描写している。

『この年、以前より対露戦の作戦企画に没頭していた参謀本部次長田村怡与造が病死してしまった。田村は「今信玄」といわれ、対露戦研究の権威であった。

日清戦争のときの作戦は、戦術の神様といわれた川上操六が立案遂行した。川上は戦後の相手はロシアだと思い、対露研究に没頭していたが、過労で急逝した。

その川上の対露戦研究を、田村怡与造が引き継いで研究を重ねた。田村は士官学校の第一期生で甲州（山梨県）の出身である。甲州ということの連想から「今信玄」というあだ名ができたのであろう。

対露戦というのは、その作戦を研究すること自体、心理的重圧感から抜けでることができない。勝ち目を見出すことが極めて少ないからであり、その辛労が川上の命を奪い、今度は田村の命を奪った。やがてそれを継いだ児玉源太郎の命を奪うのだが、ただしその死は戦後である。

田村怡与造がこの年の十月一日、日赤病院で死ぬと、その後任が問題となった。ついでながら参謀総長は大山巌であった。大山はいわば最高責任者で、実務の一切は次長がやる慣例になっている。因《ちなみ》に次長であった田村は少将であった。

「あとは、わしがやります」と児玉が、陸軍の元老の山縣有朋と大山巌の前で無造作にいったが、児玉はずっと前から田村に万一のことがあった場合は自分が出ざるを得ないと覚悟していたらしい。

能力からいえば児玉は田村よりも数倍上であろう。日清戦争における川上操六に比べ独創性においてまさっていることは確かであった。

が、児玉が次長をやるには偉くなりすぎてしまっている。三年前に陸軍大臣までやった古参の中将で、来年は大将に昇進するはずだし、現在、内務大臣、台湾総督であった。たかだか少将がやる次長職につくというのは、異例の職階降下であり、格下げである。

が、児玉は生来そういうことには頓着しない人柄で、見渡したところ、対露戦の作戦を立てうるのは全陸軍で自分以外にいないとみるとさっさとそう決意した。

山縣も、大山も喜んだ。ついでながら、山縣有朋は、

――大山さんさえよければ、わしが参謀総長の労をとってもいい、と言い出したのだが、児玉はそれは私のほうがごめんです、と笑い飛ばして引っ込めさせてしまった。

山縣は総大将に不向きの男で、何事にも我説や自分一流の好みがあり、それを下に押しつけるところがある。長州人の児玉にとって山縣は長州軍閥の大親玉ではあったが、その下では自由な活動ができないと思っていた。

そこへゆくと薩摩人の大山巌は生まれながらの総大将といったところがあり、一切部下に任せてしまう。児玉は、大山を頭にいただけば思う存分の仕事ができると思っていた』

このときのことを、明治天皇は後日、大山にこう伝えている。

「総司令官として山縣もよいのだが、彼は鋭すぎて、細かいことまで口出しするので、

諸将がよろこばぬようだ。その点、お前ならうるさくなくていいということで、お前に決まった」

3

伝え聞くところ、山縣有朋という人は陰気な性格で、そのうえ見栄っ張りで、やっかみ、ひがみ、猜疑心が強く、部下にはひどく人気がなかったらしい。だから、部下はこの人の下につくことを嫌った。大正十一年二月、山縣は死ぬと国葬にまでなったが、当日の会葬者は少なく寂しいものだったという。「人間、棺の蓋を覆われて真の価値を知る」とはまさに明言である。

山縣的タイプの人は、今日の企業経営者にもよく見られる。私の周りにもいる。こういう人は性格的に経営者には不向きで、所詮、リーダーシップ欠落人間といわなければならない。号令を発しても部下はついていかない。笛吹けど踊らずなのである。部下はその号令が価値あるものとは思わないのである。所詮、こういうタイプの経営者の下では力一杯働けない。

一方の大山はどうかというと、山縣とはまったく逆で、薩摩人らしく豪放磊落、広量大度。しかも陽気な性格で、何事も部下任せであったから、部下の人気は絶大であったという。生まれながらにして、大親分の資質を備えていたことになる。今の世に、こういう人は少ない。

大山にはこんなエピソードがある。沙河や奉天の会戦というきわどい戦況のときに、幕僚たちが塗炭の苦しみを味わっている最中、松川大佐に「砲音《つつおと》が聞こえぬようじゃが、松川ドン、今日は戦は休みでごわすか」と聞いたという。幕僚たちは一時の緊張がほぐれ、大笑いしたが、このことは、大山にしてみれば意識した言葉かもしれないが、いかにも大人《たいじん》を思わせる台詞である。

ところで、田村怡与造の葬儀は、『明治過去帳』（東京美術編）によると、青山葬儀場で執り行なわれている。当日は多くの陸海軍の将軍がキラ星のごとく並び荘厳粛々、若くして死んだ謀将の最期を惜しんだという。もちろん、松川も先任参謀の田村に別れを告げている。おそらく、〝後は俺に任せろ〟と合掌したに違いない。

田村は卒した十月一日付で中将に進み、特旨をもって従四位に叙せられた。ちなみに、田村怡与造の没後の勲位は、陸軍中将従四位勲二等功四級であった。長らえば大将、参謀総長になる人であったろう。

こんな経過があったが、結局は児玉中将の参謀次長起用が決まった。そこで児玉の内務大臣は首相桂太郎が兼務することとなり、児玉は台湾総督参謀次長になった。参謀次長だけではだれがみても〝格下げ〟人事に映るので、親任官である台湾総督の地位を残したわけである。児玉に対する配慮であった。

第六章　数理の人

1

　明治三十六年（一九〇三年）秋、ロシア皇帝ニコライ二世は、ドイツ皇帝が極東情勢は極度に悪化しているが、どうだろうかと相談したとき、ニコライ二世はそれに答えて、「自分は戦いを欲していない。だから、開戦にはならない」と断言している。それは、世界の大強国であるロシアが戦争を起こせば、極東の小国日本など問題にはならないと、確信しての威嚇発言であった。また、日本の戦意をくじくための警告でもあった。

でも、このような観測は、あながち見当違いではなかった。当時の日本の政治、軍事の指導者たちは、だれもがロシアと戦争することに自信を持っていなかった。戦争しても勝てると思っている人はいなかった。

これに対し、一大決心をもって、この時点で戦争をやってでもロシアの野望を封じ込めねば、将来の日本にとって取り返しのつかないことになると憂えたのは、元気のいい陸海軍の中堅将校や外務省の中堅外交官であった。とりわけ、主戦派のグループだった参謀本部の井口省吾少将、松川敏胤大佐は、強くその憤懣を訴えていた。そのときの井口少将の日誌には、こう記されている。

「時機すでに遅れたりといえども、今日にして内閣一大決心をもって韓国出兵をあえてせざれば、邦家のため、露国の横暴を抑制するの期なからん。外交談判また不利の結果を来すべきにより、福島（参謀）次長事務取扱を擁して山縣元帥および桂総理に決心を促さんことを請求す。しかるに総理大臣の決心確乎たらず、優柔不断ついに国家の大事を誤らんことを恐る。加うるに、山縣元帥の意気銷沈してまた昔日の概なし。ああ、川上大将は四年前に逝き、田村少将（参謀次長）また、十月一日を以て大将の跡を追う。大山参謀総長また戦意なく、陸海軍協和を欠き、陸海軍両大臣なかんずく山本海軍大臣、海軍あるを知りて国家あるを知らず。機を見るの明なく、戦を決するの断なし。帝国の大事まさに去らんとす。予は天の日本帝国を滅さんとするの兆あるを信ぜんとす」（『機密日露戦史』）

時を同じくして、陸軍、海軍、外務三省の中堅幹部はたびたび新橋の料亭「湖月」に集合して、「露国の横暴を阻止すべし」と気炎をあげていた。その折の主な参加者はつぎのとおり。

◇外務省　政務局長山座円次郎、駐フランス公使館二等書記官落合謙太郎、官房電信課長石井菊次郎、大臣秘書官本多熊太郎、政務局参事官阪田重次郎

◇陸　軍　参謀総務部長井口省吾少将、同第一部長松川敏胤大佐、同参謀木下利三郎少佐および田中義一少佐、陸軍大学校教官福田雅太郎少佐、同西川虎次郎少佐

◇海　軍　軍令部第一局長富岡定恭大佐、同参謀山下源太郎中佐および松井謙吉中佐、同副官上泉徳彌中佐、「和泉」艦長八代六郎大佐、海軍大学校教官秋山真之大佐

一同のうち、外務省の山座、阪田、陸軍の井口、松川、海軍の山下、上泉が格別に強硬論者で、会議のつど、熱のこもった意見を吐いていた。他の者も意見に大差があったわけではなく、参会者は志を一つにして熱気をあげていたという。

一昔前、赤坂の高級料亭「松室」は店を閉めたが、その女将兼経営者だった松室かうさんから、「湖月」のことについて聞いた。子供時代のことしか知らないと前置きして、つぎのことを語ってくれた。松室かうさんは、今では八十過ぎの年になっておられ、青山で悠々自適の生活を送っておられる。

「『湖月』のあった場所は新橋烏森の南地というところで、今の烏森といわれる飲み屋街の南西角地にあった。かなり大きな建物で、木造二階屋だったことを憶えている。大正の初め頃までは、その頃の界隈で料理屋と呼ばれた店は『湖月』と、今も残っている『末源』の二軒しかない。『湖月』は、明治の時代から陸海の軍人に愛用され、芸者の出入りも頻繁で、毎日夜遅くまで大声や歓声が外に響いていたという。そのせいか、店の前には軍の車が止められていたり、馬がつながれていたこともあったそうだ。今となっては、昔の『湖月』を知る人はいないと思うが、つい最近までお座敷に出ていた『若福姐さん』が健在なら、その当時の『湖月』を知っているかもしれない」とのことだった。

一方、民間にあっては、「七博士意見書」が朝日新聞に掲載された。東京帝国大学教授富井政章、戸水寛人、寺尾亨、高橋作衛、中村進午、金井延、小野塚喜平次の七人の博士が、対露強硬策を紙面に発表し、世論の開戦気運を盛りあげた。

「湖月会」のメンバーが望みを託していたのは、児玉源太郎中将であった。当時、児玉は台湾総督のまま内務大臣となっていたが、時局急迫の中で大臣を辞し、地位としては格落ちの参謀次長を引き受けていた。井口少将の日誌には、このことについてこう記している。

「児玉男爵内務大臣を去って参謀本部次長の職に就かるるに会す。以て天の未だ我帝国を棄てざるを知る。何等の喜悦、何等の快事ぞ」（『機密日露戦史』）

2

年末になると、外交交渉がデッドロックに乗りあげた。政府は最後の決断に迫られ、陸海軍に対して「何時たりとも出兵差し支えなきよう」と準備を命じた。翌三十七年二月四日の御前会議には、伊藤博文、山縣有朋、大山巌、松方正義、井上馨の五元老と内閣からは桂首相、小村外相、曾禰蔵相、山本海相、寺内陸相の五閣僚が出席して、廟議決定が日没後になるという深刻な議論が延々として行なわれた。

会議は、日本は今後も対露交渉は継続するが、自衛と既得権益を擁護するため、必要と認める独自の行動をとる旨ロシアに通告することを決定した。ついに日露開戦の決断となったのである。

御前会議が終わると海軍は、連合艦隊司令長官に対して、昨夜旅順を出港したロシア艦隊が敵意を表する行動をとるときは、直ちに撃破せよとの命令を発した。いわゆる、「出師準備作業にかかれ」ということである。出師準備作業とは、日本海軍の艦船すべてが戦場に出て敵と戦う準備に入るということで、日本歴史の中でこの命令が出されたのは、この時と太平洋戦争突入前の昭和十六年十一月の二度だけである。

陸軍は第十二師団で編成した韓国臨時派遣隊の出動を伝令した。開戦に当たり、作戦上、機先を制するための迅速な行動を開始したのである。

御前会議がすんだ夜、伊藤博文枢密院議長から貴族議員の金子堅太郎が急用があるからといって呼ばれた。金子が駆けつけると、たまたま伊藤は食事中だった。金子が、

「閣下、御用の趣きは」

と聞くと、伊藤は、

「今日午後、御前会議が開かれた。日露間の関係は戦争によって解決するほかない。この場合、米国を味方にするのが良策と思う。もし、米国が露国に味方すれば由々しき大事となる。それに戦争は一年続くか二年つづくかわからない。それで、君に一刻も早く米国に渡ってもらい、米国が、わが国を援助するよう尽力してもらいたいの

だ」

と頼んだ。

それを聞いた金子は、とても成功の望みは持てないと遅疑逡巡した。というのは、日米の関係よりも米露の関係のほうが歴史的にも経済的にも緊密なのである。だが、一刻も猶予はならぬと、金子は米国に渡ると、当時のニューヨーク界隈における政・財・官界など各界第一級の有力者約二千人をユニバーシティー・クラブの大食堂に招待して、「日本がなぜロシアと戦わねばならないのか」という事情について演説した。

折しも、その二日前の十二日にロシア旅順艦隊のマカロフ提督が、旅順港外で日本海軍の敷設した機雷に触れ、旗艦もろとも沈没し、戦死したのである。

その悲報は、逸早く米国に伝わり、多くの有識者を驚かせた。というのも、同提督は米国のアナポリス海軍大学校で学んだことのあるロシア海軍きっての戦略家であり、親米家でもあった。また、米国人の中にも多くの知己を持っていた。そのような暗い雰囲気を背景にして同クラブでの金子の演説が始まったとき、彼は、何とその敵将の名誉の戦死を悼む哀悼演説をとうとうやってのけた。機を見るに敏というべきか。

その場にあって、金子の敵提督を思いやる名演説を聞いた米国人は、いずれもが彼は西洋の騎士道を心得ていると評し、日本人は血も涙もある国民であると称賛してやまなかったという。それからというものは、本人が困るほどに彼のもとへ演説会に、懇談会に、あるいは会食にと招待状が舞い込んだ。そこで、彼は招待状の中から、つぎに選んだのが、ハーバード大学から寄せられたサンダース講堂での大演説会だった。ボストンは彼の母校だったのである。

その日の夕方は、篠つく雨の悪天候だったが、有名人となった彼の人気に支えられて会場は超満員となった。気をよくした彼は、予定時間をオーバーして二時間余もしゃべりつづけた。その結果、現地の各新聞は、かの雄弁家マーク・アントニオをも凌ぐ名演説と評し、聞く人はその名調子に酔いしれた。

そのハーバード大学での金子の演説は、単にそれまでの日露間の外交交渉が破綻するにいたった経緯について事情を述べただけではなく、米国民の特性である〝アンダードッグ（負け犬）への同情心〟を多分にくすぐるものであった。彼は、かつて若かりし頃に八年間も米国の東部に留学していたこともあって、米国人は強い者を挫いて弱い者に味方する国民性があることを知っていた。だからこそ、彼は大国ロシアとあえて戦うことになった小国日本に、米国民の同情心を寄せてもらうことを上手に訴えて、彼らの対外感情を巧みに親日的ならしめていったのである。

彼の思惑は当たった。こうして、金子は、それ以降一年半近くもの間、広大な米国にあって、もっぱら鉄道と足で、主として東部を中心に、また、ときには北部や中西部へも赴いて連日昼夜を分かたず、まさに精力的な広報活動をつづけた。今日残されている彼の東奔西走、南船北馬した記録は、まさに超人的といわざるをえない。

その結果として、彼はルーズベルト大統領の斡旋により、翌一九〇五年八月十日にはニューハンプシャー州のポーツマス軍港で、正式に日露間の講和会議が開かれるようになったのである。こうして、金子は、当時の米国民、ことに東部と中西部における彼らの対外世論の大部分を、ほぼ完全に親日的にならしめることに成功したわけである。

わが国では、金子とルーズベルトとがハーバード大学時代同期生であったとか、前々からの友人であったようにいわれているが、それがすべてではない。両者が直接知り合ったのは、明治二十二年（一八八九年）に金子が帝国議会の開設準備のため渡米した際に、その頃たまたま来日していた米国人の美術愛好家W・S・ビゲローからの紹介状を携えて、当時、行政改革委員長だったルーズベルトを首府ワシントンに訪れたときに始まっている。それ以後、両者の間では、お互いがハーバード大学の同窓生ということがわかり、毎年クリスマス・カードを交換するようになり、親交が深められていったのである。

3

一方、金子堅太郎の米国での外交工作と並行して、ロシア国内に潜伏、命を賭して諜報活動に心血を注いだ明石元二郎大佐（陸大五期、のち大将）の足跡についても記述しておかねばならない。

明石は日本陸軍にあって、数少ない数理に明るく合理を判断基準としていた軍人であった。この才能は幼年学校でも士官学校でも遺憾なく発揮されたが、広く知られるようになったのは陸軍大学校に入ってからである。数学に明るい明石は、戦術の研究において目立った成績を残し、大学卒業後まもなく参謀本部に出仕を命ぜられている。

明石の生来の性格を証しする興味あるエピソードがある。それは、幼年学校卒業時のことだが、明治天皇御臨幸のもとに運動会が催された。卒業生が御前で障害物競争を行なったおり、明石は堂々とビリを走り、陛下の御前で大声をあげて「万歳」を三唱したという。この見事な負けっぷりに、明治天皇は、「あれは、何という生徒だ」と感服され、名前を聞かれたそうである。

子供のときから、衆に抜きんでる演出効果を心得ていたようで、このような特異性が後に彼を異国のロシアで、あのように暗躍させることができたのだろう。人間、何事にも自己PRが必要である。これを遠慮していたら出るところに出られないことになる。

明治三十七年二月六日、日露の戦端が開かれると同時に、日本のロシア公使館はただちにスウェーデンのストックホルムに移る準備に入った。そして、十日には明石は公使館付から参謀本部付となり、ヨーロッパからの後方攪乱作戦を命じられた。

このとき、児玉参謀次長が明石に当てた電報は、「帝国の外交はいよいよ困難に遭遇した。その地方のことは、貴官が滞在するゆえ如才あるまいが、いっそうの注意を請う。一つに貴官に信頼することを記憶せられたし」というもので、この短い電文の中に、〝すべてをお前に任せる〟という児玉の気持ちが込められていた。

これを見てもわかるが、当時の参謀本部内では児玉は、作文は下手だという評価になっていた。同時に本書の主人公松川敏胤も、決して名文家とはいわれていなかったようである。ということは、児玉も松川も数理の人だったのかもしれない。たしかに、松川は子供のときから数字に強かったといわれている。敏胤の長子恭佐氏が理科系の道を歩んだことでもわかろう。

この児玉の信頼を胸に、明石のスパイ活躍がはじまった。もちろん、ロシア側も明石を最危険人物としてマークしていたし、その行動を逐一監視していたから、明石の活動はそうたやすいものではなかった。とくに、明石の使用していた暗号は、かなりの部分をロシア側に解読されており、そのために失敗することもあった。後に、この事実を明石に知らせたのは、ロシア側のスパイの妻であったという。

明石の活動は、まず、ロシア国内の社会主義者や民族独立主義者と連絡をとり、彼らに武器と活動資金を提供することからはじめられた。スイスなどでは、数万梃単位の小銃を手に入れ、これを反政府運動家に提供したりもした。もっともこれらのことは、戦争が始まってから急に計画されたものではない。明石は、すでに開戦前よりロシアの国内事情の研究をつぶさに行なっていて、前々から、万一の際の腹案は立ててあったのである。その事情の多くは、各国の新聞の分析によったものだが、その情報は貴重なものであった。明石自身も、後に、

「……新聞雑誌は、大いに露国の形勢、内情を窺う材料となれり。これ、露国はその国内の出版物に大なる検査をくわうるにかかわらず、外国新聞の口をかんせいするあたわざればなり……」

と書いている。

私が伊藤忠商事に勤務していたとき、直属の上司であった当時の専務、瀬島龍三氏

からこんなことを聞かされた。

「……シベリア抑留から帰って、自分は伊藤忠商事にお世話になった。ところが、十一年のシベリア抑留生活は、日本の国内事情の変化はもとより、毎日、社員がやっている仕事がまったくわからない、浦島太郎にされてしまった。そこで、勉強のために、会社に出社すると間もなく抜け出して図書館通いをした。図書館で何をしたかというと、ずっと過去に遡《さかのぼ》っての新聞をむさぼり読んだ。もちろん、外国のものもである。新聞は世界の情報知識の源泉である。そして、一刻も早く自分を見出し、社会復帰と会社へのご奉公を模索した」

こういわれれば、だれしもが当然のように思うだろう。しかし、とっさに考えつくことではない。おそらく、このことは氏自身の長い間の参謀生活から得た知恵であったと思う。情報入手の手段として、新聞が最高かつ手っ取り早いものであるという参謀経験がそうさせたのであろう。

こうして得られた情報を元に、明石の活動がはじまった。まず手はじめに、密かにパリ、ベルリン、ロンドンをはじめ、フィンランド、スウェーデン、オーストリアなどを飛び回り、ロシアの反政府活動家と連絡をとった。

とくに、ジュネーブではレーニンと会談している。また、明石は、これら反ロシア政府活動家をパリに集め、明治三十七年十月一日に「パリ会議」を開催。同時にこれら反ロシア政府団体を支援する外国人の団体もつくっている。この中には、アナトール・フランスやクレマンソーなどもいて、そのロシア政府攻撃発言は大きな影響力をもち、そのために、ロシア国内の反政府デモや、ストライキは先鋭化していったのである。

同時に、明石は直接、決死隊を結成してロシア国内の鉄道爆破を図ったが、これはまったくの失敗に終わった。これ以降、直接の破壊活動はあまり行なわれていない。

いずれにせよ、これらの工作費用は莫大な額に上り、明石は参謀本部に当時の金で百万円の工作資金の送金を要求した。これを請求された参謀本部次長であった長岡外史中将（陸士二期、陸大一期）が、

「明石個人でこれだけの金を使うのではあるまい。だが、戦争に負けてしまったら、金なんかいくらあっても何にもならん。この際は、明石がいるというだけ送ってやればいい」

といって工作費を送金させたという。

長岡という人は、長州の出身で、同郷の山縣有朋についたり、三浦梧楼（のち中将）に組したりして、己れの出世をはかっていたという噂が立ち、心事陋劣の才子と

いわれ、疎まれるところがあったが、こと国の大事となれば、これだけの太っ腹を見せたのである。先の児玉の信頼、この長岡の男気が、それからの明石の活躍を、どれほど助けたかはいうまでもない。

長岡は、後に第一次大戦を観戦した経験から、飛行機の導入を主唱し、日本航空界の父といわれている。長岡の出身地下松市の笠戸島には、長岡外史の大きな銅像が建てられている。

4

ロシア政府は、これら明石のつぎつぎの工作によって引き起こされた政情不安と明治三十八年五月二十七日の日本海海戦の完敗により、遂に戦争収拾の決意をし、九月一日、日露休戦が調停された。

日本の陸軍は、明石元二郎という軍人政治家を存分に働かせることによって謀略戦に勝利し、大国ロシアを敗ったのである。

後顧するに――、

日露戦争の勝利は、このような巧みな外交戦略の勝利だともいっていい。軍事戦略と並行して、外交戦略では当時の超大国英国と「日英同盟」を結び、ロシアの行動を側面から牽制する手立てをし、米国には前記したように外債調達と世論工作の使命をもって金子堅太郎が派遣され、ヨーロッパには明石元二郎大佐（陸大五期、のち大将）がロシア国内攪乱の謀略密命を帯びて潜入、レーニン、トロツキーらのロシア革命派に戦争反対の工作をほどこすなど、数々の事前工作がなされている。

その意味で、伊藤博文を輔《たす》けて日露の難しい交渉をやり遂げた金子堅太郎と明石元二郎の挺身実践の外交工作は、日露戦争勝利の裏に秘められた忘れてはならない偉とすべき功績といっていい。

ここで、金子堅太郎の人となりの一端を参考までに証すると——、

金子は青年時代、福岡藩出身の司法省役人平賀義質の家に寄宿し、書生となった。平賀が登庁するときには御用箱を携えて従った。そして、平賀が退出するときには司法省の玄関先に土下座して、またその後に従った。

明治三十三年十月、伊藤博文内閣が成立して、司法大臣に親任せられたときには、氏は今昔の感に堪えず、「私は少年の折に司法省の玄関先に土下座して草履取りをした。そうして、平賀の帰りを待ったときには心中不平で一杯だったよ。今日大臣として司法省に登るようになったかと思うと、万感が胸に迫る」といったそうである。

明治の時代は、畏敬する人材が多く輩出した。能力もさることながら、国を憂い、人を思う人が多く出た。だから、今の日本があるのだろう。ところが、今はどうか。一国を代表する総理大臣ですら人はいない。ましてや、その下に連なる大臣、政治家など論外というほかない小物揃いである。

私は小学生のとき、明治生まれの先生に、「男というのは、怒ること我慢することが一番大事だ」と教えられた。とても厳しい先生だったことを記憶している。でも、その教えは今なお私の体の中に、頭の中に生きている。生きざま、反省の糧ともなっている。とかく、明治生まれの人には日本人の郷愁ともいうべき、真理を心理とする、男気と骨太の人が多くいたように思う。大いに怒り、大いに忍従している。今は自己保身の軟弱な人ばかりで、このような人がいないのを慨嘆するばかりである。

第七章　日本軍の頭脳

1

ここで松川敏胤陸軍大将と生前、交遊があった知己、友人のことについて語ろう。陸軍軍人生活五十年、真摯で情愛溢れた人だったので、交際範囲も広く、心につながる傍輩も多かったと思うのだが、ここではその中からとくに身近なお付き合いをしていたと思われる心友といえる人を選択してみたい。

青葉城が新緑につつまれている五月半ば、私は取材の名目で家内を連れて仙台に赴いたが、その折、松川敏胤陸軍大将のお孫さん斎藤健氏夫人のご好意で、青葉城内に建つ大将の記念碑を見学した。青空に浮き立つ記念碑の台座には、黒御影の掲額に記念碑建立のいわれが、つぎのように刻まれていた。

「松川将軍薨《こう》じて追慕措《お》く能はず　我等集まりてこの碑を建つ　協力者は陸軍大学兵学教官当時の学生部下其の他故大将の恩顧を受けたる者にして題額は畏くも閑院宮載仁親王殿下の御染筆なり　友田宣剛文を撰し　四竈仁通之を書す

昭和四年四月三十日

発起人　河合操　田中義一　田中国重　奈良武次　武藤信義　大庭二郎　尾野実信　山梨半造　町田経宇　福田雅太郎　白川義則　森岡守成　鈴木荘六」（イロハ順）

松川の軍歴を見ると、明治二十三年二月、陸軍大尉の時に陸軍大学校教官となり、同二十六年二月、ドイツに留学するまでその任にあったようである。したがって、それからすると、明治二十二年十二月に入校し、同二十五年十二月に卒業した陸大八期の大庭二郎（のち大将）、山梨半造（のち大将）。二十三年十一月に入校し、二十六年十一月に卒業した九期の福田雅太郎（のち大将）、町田経宇（のち大将）。二十四年十一月に入校し、二十七年七月に卒業した十期の尾野実信（のち大将）は松川の講義を聞いた教え子であったと思われる。その他発起人に刻まれている十二期の白川義則

（のち大将）、鈴木荘六（のち大将）、十三期の森岡守成（のち大将）、武藤信義（のち元帥大将）、奈良武次（のち大将）、十四期の田中国重（のち大将）は、各人の軍歴から察するに、松川の足跡とかなりの接点があるので、部下という範疇に入るのかもしれない。

いずれにしても、以上十三名の将軍は、生前の松川と師弟武弁の間柄として多大の交誼があったと思われる。

斎藤家には、それを物語る各人からの数々の手紙や書簡が大切に保管されている。その折、私は山ほどある書簡の中から、見覚えのある毛筆体の封書を発見した。百年余の歳月を経た今、紙は茶色に変色していたが、宛て名は下渋谷松川敏胤殿、差し出し人は乃木希典と墨痕鮮やかに書かれていた。その頃の松川の東京の家は下渋谷（今の渋谷松濤あたり）にあったという。

退役後の松川は、仙台の土樋に隠棲したが、隠棲後も同じ境遇に甘んじる乃木大将と処世に共通するものがあったのか、交信しきりだったという。乃木大将は、生涯を通じて多くの軍人とつきあったが、児玉源太郎以外は親友と呼べる人はいなかったというが、松川はどうだったのだろうか。ちなみに、名将秋山好古も、戦後は乃木と心を許し合っていたようである。

二〇三高地の攻撃に拙攻を重ねる第三軍司令官乃木大将を見るに見かねて、児玉大将にかえる交替劇を企画提案したのは、松川敏胤である。松川にしてみれば、このまま乃木大将に指揮をとらせていては日本は敗ける。この際、非常の暴挙は止むを得ないと確信し、それを上司の児玉大将に訴えて裁可を仰いだのである。仮にもこのときの児玉は、総司令官大山巌のスタッフに過ぎない。

乃木は、統帥の源である明治天皇から第三軍の統帥権を委ねられた軍司令官である。それを知りながら、あえて乃木の命令権を停止させようというのだから、飛弾砲裂雨あられの戦場とはいいながら、事は重大である。あえて軍隊の生命ともいうべき命令系統の破壊行為をやることになる。

しかし、松川は身命を賭して、一人の将軍の安否よりも国家の憂事を優先したのである。そこで、総司令官大山巌の自筆の命令書を児玉に託して乃木を説得してはという合法的な手段を提案している。

結局、児玉は大山巌の託書を使わずに、乃木を納得させることができた。二人は〝言わず語らず〟、子供時代からあうんの呼吸があったのである。

後年、松川はこのときのことを人に語るに、「身を鴻毛の軽きに致す」といっていたそうである。

2

乃木に替わった児玉は、第三軍の指揮をとると、ロシア軍に東京湾と下関の要塞から運ばせた十八門の二十八サンチ榴弾砲の砲火を浴びせ、肉弾攻撃と相呼応して二〇三高地を陥落させた。このときの乃木の面子いかばかりか。無念やるかたなく慟哭に咽《むせ》んだであろう。さぞかし世の無常を訴えたに違いない。

こうなっては乃木にしてみれば、恨み、つらみが募る松川である。さぞかし、〝若僧のくせに生意気だ〟が心根に残ったことだろう。だが、二人は戦い終えて故郷に帰ると、過去のわだかまりを一切帳消しにして、戦塵にまみれた戦友に想いを馳せ、お互いの老齢をいたわり合う仲となっている。何と清々しい老将軍の隠棲の姿ではないか。故郷の空気に触れ、無気質な軍人から、体温をもった人間に立ち帰ったのである。今の人とは国家観念が、国家意識が根本から違うように思える。

斎藤家での取材が弾《はず》むうち、お孫さんに、「生前の松川大将が、とくに親しくされていた将軍はどなたですか」とお尋ねした。

「なにせ子供だったものですから、よく憶えていませんが、下渋谷の自宅からおじいさまに連れられて○尾という大将の家に何回か行ったことがあります。たしか尾がついている名前でしたが、今となってはナニ尾か忘れてしまいました。その方と祖父は親しかったようです。行けば、いつも親しげに話をしていました」

私は仙台から帰ると、さっそく尾がつく大将の名前を調べた。そして、松川類似の軍歴から行き当たったのが陸軍大将神尾光臣であった。神尾は松川が東京衛戍総督をやる前の衛戍総督であった。では、松川類似の神尾の軍歴を語ってみよう。

神尾は信州諏訪の出身。明治七年に教導団に入り、二年ののち卒業して軍曹となったが、これぎりで学校に入らずに大将になったのは珍しい。西南戦争では曹長として出征し、戦功によって少尉試補となり、やがて少尉となった。彼は他日の経綸《けいりん》を中国大陸に描き、よく中国語を勉強したが、それが認められて参謀本部付となり、中尉のとき清国に派遣された。

この後、清国公使館付武官、日清戦争では第二軍参謀として出征し、旅順攻略の作戦には、彼の献策があずかって力多かったという。戦後ふたたび清国公使館付武官、三十年に大佐に進んで、近衛歩兵第三連隊長に補せられ、三十二年にヨーロッパ遊学、帰って第一師団参謀長、十二師団参謀長を経て、三十五年五月、少将に進み、歩兵第二十二旅団長に栄転した。旅団は第十一師団に属し、日露戦争では第三軍に隷して旅順攻略に向けられた。

彼は図らずも、二度要塞攻撃の経験を積むこととなった。戦後、遼東守備軍参謀長、清国駐屯軍司令官、関東都督府陸軍参謀長、近衛歩兵第一旅団長を経て、四十一年十二月、中将に進むとともに第九師団長に補せられ、大正元年十二月に、第十八師団長に転じたのである。

かように彼は、中尉以来三十年間、その勤務は中国に関係することが多く、そのことが原因して当時少将の青木宣純《のりずみ》（のち中将）、同鋳方《いがた》徳蔵（陸大九期、のち中将）とともに三支那通といわれた。

この要塞攻撃の経験によって、青島攻囲軍の司令官になったのであろう。あるいは、第十八師団が九州にあって、輸送にもっとも便利な立場であったからかもしれない。

青島陥落後は、初代の青島守備軍司令官として軍政に当たった。中国に関係の深かった経歴からして適任であった。しかも、学校出でもない彼が比較的順調に出世したのは、山縣有明の庇護によるものである。彼は山縣の揮毫「臨機応変」の額を私宅の応接間に飾り、来客に対してはこれを誇ったというが、准長派たることを、問うに落ちず、語るに落ちたものである。山縣の能力に「臨機応変」があったかどうかはしらない。

彼は刻苦努力の累積によって、武人の最高の地位に達したが、その執務振りはまた精励恪勤、その間、細大の書類にはかならず全部に目を通し、意に満たなければ、参謀長を呼んでこれを正し、いまだかつて盲判を押すようなことはなかったという。現代企業の管理職の人よ、もって肝に銘ずるべき教訓ではないか。

要するに彼は、大山巌のように茫洋捕捉すべからずといった東洋豪傑型ではなく、微事細事を徹底しなければ気がすまない事務家型の将軍であったといえる。ゆえに彼の部下は、このミリメートル式指導には、一方ならず辟易したという。占領地の行政長官として、はたして適任なりや否や。しかし、その評価を待つことなく、在任半年にして翌四年五月、東京衛戍総督に転補された。大正五年六月に大将に進級、七月に男爵をあたえられ、八月に待命となって陸軍生活は終わった。なお彼の娘は、文士有島武郎に嫁したが、早世した。

このように彼の軍歴は、松川の足跡とつながるところが多い。とくに東京衛戍総督の役職は、神尾のあと松川が受け継いだことになっているので、この辺りに親近する接点があったのではなかろうか。お孫さんが「おじいさまのお相手の大将は、白髭の品のいい人だった」という記憶からも、この人に間違いなかろう。その頃の神尾の家がどこにあったかは知らないが、松川が行き来する、信頼を寄せる親しい友であったことはうなずける。

3

松川がその人柄に心服し、交際をつづけた大将がもう一人いた。その人は松川の育ての親ともいえる、秋田出身の猛将陸軍大将大島久直である。松川は、この人があって陸軍の松川となったといってもいい。松川が歩んだ経歴途上には、かならず上司としてこの人がいる。大島のないものをもっている松川が、〝うい奴〟として可愛がられたのかもしれない。

そんなことで、同じ東北の宮城県にあって大島と同じ軽輩士族の家に生まれた松川に、同郷的な誼《よしみ》を感じていたのではなかろうか。それに、庄内秋田の戊辰戦争では、庄内藩に組して仙台藩も薩長と一戦を交えたこともあって、二人の間には同血の士ともいうべき結束が芽生えたのかもしれない。

いずれにしても大島が連隊長のとき、松川はその部下で中尉、大島の台湾総督府参謀長のとき、彼はその下にあって参謀、大島の陸軍大学校長のとき、彼はその兵学教官と、松川は大島に追随している。松川の優秀な軍人適性を大島は見抜いていたのかもしれない。

なにはともあれ、二人の交友は大島が死ぬ昭和三年初めまでつづくことになる。ちなみに、松川の没年は大島が死ぬ少し前の昭和三年三月七日である。同じ陸軍にあって、大島以上に畏怖敬愛していた大将に、日露戦争の戦野を常時随伴していた大将児玉源太郎がいる。

児玉は幼にして性機敏、頭脳人に優れた俊傑の人だったから、何事にも中途半端な妥協を許さず、完璧主義を求める人だった。そのため、意にそわないことがあると、怒りを爆発した。かなり気が短かったようである。側近の松川をずいぶん可愛がっていたようだが、松川と反《そ》りが合ったのも、お互いが欠点を見せない完璧主義を貫く満点主義者だったからであろう。

もし、児玉が若くして正規の学校に学んでいたなら、秀抜の人であったことは間違いない。児玉は戦国時代の武将や、もしくはナポレオンによって一兵卒から抜擢された将軍たちのように、士官学校を出ていなかった。天才はときに学校教育というのが不必要なのかもしれない。児玉にはそれがいえる。

彼は十七歳の少年兵として戊辰戦争に参加し、奥州から函館へと転戦した。その後、大阪の玉造《たまつくり》に仮設された「兵学寮」に三ヵ月ばかりいたというのが、彼の唯一の学歴である。

そのあと、六等下士官というものに任ぜられ、ついで権曹長（軍曹）に進んだ。明治三年、十九歳のときである。

彼は少年軍曹から叩き上げられた男であり、同じく長州出身の乃木希典が戊辰戦争が終わると、いきなり少佐に任命されたことを思うと、児玉の出発点はかなりハンディがあったといえる。

乃木を抜擢したのは、山縣有朋である。山縣は生涯、吉田松陰の弟子であったことを誇りにしていた。その松陰は乃木と親戚である。これにより、山縣が乃木を意識していた意味がわかろう。

が、明治十年の西南ノ役のころには、乃木と同格の少佐に進んでおり、すでにその頃には、才幹を認められて熊本鎮台の参謀になっていた。齢二十六歳のときである。

その後、日本陸軍の成長段階の中で児玉の半生は密着している。彼の軍事学は、独学であった。

陸軍がドイツスタイルに改めるべく、まず陸軍大学校を開設し、ついでドイツ陸軍の参謀少佐メッケルを招聘して陸軍大学校教師とし、これによって日本の戦術思想を一変せしめたとき、たとえば秋山好古ら若い将校たちはその第一期生になったが、児玉源太郎は学生にはならなかった。なぜならば、彼はすでに三十四歳の大佐で、参謀本部第一局長となってしまっていた。適齢期が過ぎてしまっていたのである。

彼はこの翌年、兼務して陸軍大学校の幹事（校長）になった。校長としてメッケルの講義を聴いたのだが、彼の一生から考えると、この時期、幼少の頃、藩校で初等から中等程度の教育を受けて以来、はじめて教師に物を教えられるという経験をした。

要するに、児玉は学生ではなく自由な聴講者としてメッケルの講義を聴いたが、メッケルはしばしば、児玉の天才的な頭脳に驚嘆し、日本でのすべての予定が終わった後、人から「あなたが日本で教えた者たちの中で、これはと思ったのはだれですか」と聞かれたとき、言下に、一に、「コダマ」、二に「オガワ」（小川又次、のち大将）と答えたという。小川又次の経歴については後に記す。

児玉は、メッケルが一つ説けば、連想を十も二十も働かせてしまう不思議な頭脳を持っていた。創造性豊かで、現代でも充分通用する人だったのだろう。それに性格が陽気で屈託がなく、しかも作戦家であるほかに経綸があり、さらに無欲であるがために、その政治的才能は同時代のだれよりも秀れていた。この政治的才能があったためにかえって重宝がられ、陸軍大臣以外の大臣もしばしば務めさせられるという損な役割を演じざるをえなかった。

ここで後になってしまったが、付記しておきたいことがある。

草創の日本陸軍は、国内治安を主とする鎮台編成であったが、これを進攻作戦向きの師団編成に改めたのは、メッケルの進言によるものであった。

この一石は確かに効き目があった。日清（一八九四～五年）、日露（一九〇四～五年）両戦勝の原動力となった日本軍の将師と参謀のほとんどが彼の教育を受けていたので、日本戦勝の陰の主役はメッケルといわれるほどであった。

4

メッケルの作戦は、「敵の出鼻を叩く」ところにあり、「宣戦したときには、すでに敵に打撃をあたえていなければならない」と教えた。彼は、「敵の意表に出、その機先を制す」という日本武士道の極意が近代軍事学に通ずる点を学生に開眼させたのである。これは「孫子」の兵法でもある。松川はその教えを範とし、得意としていた。

後年、真珠湾の攻撃はこれに倣《なら》ったものなのかもしれない。

日露戦争で第一軍が鴨緑江の緒戦に快勝したとき、軍参謀長藤井茂太（陸大一期、のち中将）はベルリン郊外に隠棲するメッケルに手紙を送り、「あなたの教えどおりに戦って勝った」と感謝したところ、メッケルから「わたしは最初から日本軍の勝利を信じていた。この勝利は、日本人が古来から培養してきた武士道精神のもたらしたものである」という返事が送られてきた。

旅順の三回目の総攻撃は、明治三十七年十月二十六日に開始された。十一月二十二日にはこれを攻撃する第三軍に勅語を賜わった。「成功を望む情、甚《はなは》だ切なり」と仰せられているのである。山縣有朋も司令官の乃木希典に、「一挙遂に屠《ほふ》る旅順城」というつぎのような詩を送って鞭撻している。

巨雷激雷天もまた驚く
包囲半歳萬屍横たわる
精神到る處鉄より堅し
一擧遂に屠れ旅順城

これは「乃木に対する最後の九寸五分であった」と評する人もいる。乃木はもう絶壁上に立たされてひくに退けない。だが、乃木と同じ心境の人が他にもいた。それはだれいおう児玉であった。

児玉総参謀長は二十七日と二十八日の二日間、旅順の戦況を注視していた。そして二十九日、彼は切羽詰まった心境で、旅順に行くと、松川少将参謀にいい出した。いい出したら退かないのが児玉の習癖である。松川は強く止めたが、児玉は聴《き》き入れない。乃木交替は、松川の前々からの持論で、かねてから主張していたことだが、児玉のこの突発的な発言に、松川は戸惑いを感じた。松川は口をはさんだ。

「……それでは、私から大山総司令官に、乃木将軍に代わって児玉を差遣する。そのことは予の言と心得べし、との一札をお願いしましょうか」

といった。児玉は、

「そんなものはいらん」

と吐くように答えた。だが、松川は事の理を熱心に説いた。

児玉は松川の意見を容れると、田中国重中佐参謀（陸大十四期、のち大将）を連れて出発した。児玉に田中をつけたのは、松川の差し金である。田中は陸軍大学校で松川の教え子であり、普段より松川に心酔していた。松川も田中は信頼する部下であった。

5

十一月三十日午前六時、児玉将軍と田中参謀は、総司令部のある煙台駅を出発した。

機関車が将軍らの乗った一台の貨車を引っ張るのだった。各停車場に着くたびに、停車場司令官に旅順の戦況の電報が入っていないかを確かめる。

その間、児玉は腕を組んで考え込み、田中に対しても一言もいわない。車中、夜更《ふ》けて寝ることをすすめるのだが、児玉はきかない。児玉は頑固で、信念を曲げない人であった。

十二月一日午前三時、金州に着いた。停車場で暗号電報を受け取った。総司令官から児玉への電報で、訳してみると、第三軍は二〇三高地を占領したとある。児玉はそれを知ると欣喜雀躍した。携行のブドー酒で二人は祝盃をあげ、早々に大本営と乃木司令官に祝電をうった。児玉はホッとした。これまでの重荷が解け、緊張から解放された気分だった。

夜が明けて大連に着いた。鉄道管理部の二階で休息する。兵站司令官が朝食の準備をしてくれていた。田中がここから第三軍司令部の大庭二郎参謀副長（陸大八期、のち大将）に電話して、「おめでとう」といった。

「それがめでたくないんだ。じつは一度は取ったんだが、逆襲されて奪還されてしまったんだ」という答えだった。

田中の報告を聴いた児玉は激怒した。

「怪しからん。第三軍の馬鹿野郎が」

と、児玉は激しくテーブルを叩き、

「田中、貴様は食うなら食え。日本人が朝から洋食を食う馬鹿がいるか。ただちに出発する！」

と、ご機嫌はいたって悪い。

すぐ出発したら、司令部の手前の駅に大庭副長が出迎えていた。児玉はそれを見るなり大庭に〝落雷〟である。ひどい言葉が飛び出した。

「奪還されたとは不覚ではないか。第三軍は今まで、何やってんだ。馬鹿やろう」

と叱った。

当時、総司令部の福島安正少将（のち大将）が第一師団司令部の高崎山に来ていた。田中が電話すると、福島は、

「目下、高崎山はお悔《くや》み場だ。一刻も早く総参謀長に来てもらいたい」

という。

高崎山に着いて穴ぐらの中に入ると、しばらくして第七師団長の大迫《おおさこ》尚敏中将（のち大将）が来た。涙を流して、多数の部下を殺し、まことに相すまぬ。今一度攻撃させてもらいたいという。そのとき児玉は冷然として天を仰ぎ、一語も答えなかったと

いう。

大迫中将は、悄然として帰って行った。児玉は田中に、

「第七師団に今一度、攻撃のチャンスを与えよ」

と凜とした声で命じた。

ここが児玉の将軍としての素質である。再度チャンスをあたえるというのである。普通の経営者だったらそうはいかない。一度失敗したら、それきり見限られてしまう。

夕刻になって乃木司令官に会った児玉は、乃木に視線を当てると、「二〇三高地の指揮は俺に任せろ」といった。乃木は涙を流して、にべなく「致し方なし、任す」と同意した。児玉は懐ろに大山総司令官の一札を持っている。だが、二人の間には、それを遣う必要はなかった。

何と毅然とした両雄だろう。男子の本懐ここに在りの泰然とした姿が目に浮かぶ。己れの分を悟り、己れの非を悟った進退を決める男の美学である。現世は情けないかな、是を是といえず、非を非といえない輩ばかりである。

高崎山は旅順前面の丘陵地帯にある最初の山で、ここに第三軍は砲兵陣地を置いていた。また、二〇三高地を攻撃目標としていた第一、第七師団の司令部もここにあった。この山が高崎山と呼ばれるようになったのは、八月十五日、高崎の第十五連隊が

最初の強襲攻撃で、この山を攻略したからである。

以上は戦後、田中国重中佐が松川に報告した内容であった。児玉と田中は生涯、このことについて人に語らなかったという。乃木も松川も、このことを一切口にしていない。

児玉はただちに軍参謀を集め、攻撃計画の修正を命じた。

「速やかに重砲陣地を移動させ、敵の回復攻撃に備えさせよ。高地を占領したならば、二十八サンチ榴弾砲で昼夜連続砲撃をつづけて敵の逆襲に備えよ」

これには重砲隊の側から、味方撃ちになると反対意見が出たが、児玉は頑として聴かない。勝つことを最上の手段とした冷徹な指揮である。

児玉はまた、軍の参謀たちが司令部にへばりついていることを叱り、第一線の視察に追い出した。

参謀の本分は足で歩き、前線を確認することである。

このことは、今の企業でもいえる。汗水流して部下の先頭に立ち、足で歩かねばならない営業部長が、一人椅子に座って平然としている。私はこういう光景を見ると、たまらなくなって「横着するな」と怒鳴ってしまう。この場合、率先して兵の先に立ち、汗水流すのが当然であろう。

6

二〇三高地に対する攻撃は万端の準備の後、十二月五日に再開された。大きな損害を出し、苦戦を強いられたが、今度は占領を確実にすることができた。

二〇三高地を占領したことで、ただちに観測所が測候を進め、十二月六日から二十八榴の射撃が旅順港内にいるロシア艦隊に向かって響きわたった。これにより、百発百中、ロシア艦隊の息の根をとめることができた。

総司令部からの催促で、児玉は九日、帰路についた。児玉は旅順に来た甲斐があったことをしみじみと感じた。と、同時に乃木の傷心を思いやることしきりであった。

児玉にとって、戦争はまだまだつづいた。だが、三月の奉天大会戦でも児玉の指揮よろしきを得て、幸いに戦争は勝利で終わった。

大山、児玉らは明治三十八年十二月、帝都に凱旋した。二十九師団、約三十五万人の全将兵がさみだれ式に帰還して、全員が凱旋を終えたのは、翌明治三十九年三月のことである。

同三十九年四月十一日、児玉は大山の後を継いで参謀総長に任ぜられ、台湾総督を免じられると同時に子爵を授けられた。参謀総長という軍人最高の地位に進んだ児玉には、戦後の日本の経営という仕事が残されていたが、惜しいかな、彼は同年七月二十三日、脳溢血で急死した。功績により、功一級金鵄勲章と桐花大授章を賜わり、明治四十年には、伯爵を授けられ、正二位に叙せられた。

去る日、私は蟬しぐれを聞きながら、多磨霊園の児玉の墓前に立った。そして、昔日を語り、深謝の頭を垂れた。

児玉源太郎大将の葬儀は二十八日、青山斎場で執り行なわれた。当日は葬儀掛総裁に寺内正毅陸軍大臣、副総裁に石黒忠悳《ただのり》軍医総監、後藤新平民政長官、葬儀委員長に親友の乃木希典大将、委員に宇佐川一正軍務局長・中将、井口省吾陸軍大学校長・少将、松川敏胤参謀本部長・少将、岡市之助参謀本部部長・少将らによって進められた。

式は智謀溢れた軍略家の葬儀らしく、溢れんばかりの数多の会葬者だったが、厳正にして粛々たる中で終わった。戒名は「大観院殿藤園玄機大居士」。藤園は将軍の号である。ちなみに、参謀総長の後任には七月三十日、陸軍大将男爵奥保鞏が親補された。

松川にとって、児玉の早世は残念至極であった。もし児玉が五年長生きしたならば、松川の参謀総長は、間違いなく実現したろうといわれている。また、児玉の説得に、授爵も固辞できなかったかもしれない。それほど英邁な児玉にとって、俊爽松川は期待像だったのである。かねがね児玉は、この戦は「松川さえいれば勝てる」といっていたことでも、松川への信頼のほどがわかる。

7

ここで先にも触れたが、陸軍大学校において、メッケルにその才能を認められていた小川又次について知るところを述べておこう。

小川は明治四年に少尉となり、以後、累進して大佐をもって参謀本部の局長に任ぜられている、秀才のしからしめるところである。メッケルに評価されたように能力抜群であったため、川上操六の信任も厚く、その庇護のもと、機略を縦横に振るうことができ、部内ではこれに拮抗し得る者がいなかったという。彼は組織的の頭脳を持ち、経綸の才に富み、川上の対清政策には彼の画策したものが多かった。

才能、それに日露戦争での戦功、そして力量からすれば、大将の器量を十分に持ち合わせていたが、残念なことに、協調性に乏しく他と衝突することが多く、よく金銭トラブルを起こしたりしたので、明治三十八年一月、大将に進んだものの、健康を損なうこともあってふたたび用いられることなく予備役となった。当時にあっては、田村怡与造が「今信玄」といわれていたのに対して、小川は「今謙信」といわれていたが、その才覚は惜しまれていい人であった。

ついでに、先に登場した大庭二郎にも触れておこう。彼は陸軍大学校にあって松川の教え子である。また、長閥形成の一人ともいわれた。彼が大将の栄位に昇りえたのは、一に長閥であったからだそうだ。彼は士官生徒第八期、陸軍大学校も第八期で、陸大では軍刀組であった。それゆえか、少佐から少将に進むまで東京を離れず、歩兵第二連隊長、参謀本部課長、陸軍戸山学校長など、恵まれた経歴を歩いた。

日露戦争では、大佐をもって第三軍の参謀副長となったが、自分が献策した戦法が旅順攻撃で失敗したため、戦後は後備第二師団参謀長に左遷された。

戦後の四十二年十二月、大佐で陸軍戸山学校長になり、翌年十一月少将に昇った。大正元年八月には陸軍歩兵学校長となり、二年三月、歩兵第十一旅団長、四年二月、中将に進み、第三師団長に栄転した。ここで一度は軍事参議官に納まったが、九年八月に朝鮮軍司令官として復活し、同年十二月に大将、十一年十一月にふたたび軍事参議官、さらに十二年三月、教育総監に昇った。彼は陸軍軍人としてこれといった功績もなく、長閥ゆえに大将となった人物で、大将の器量はなかったといわれている。

　ところで、児玉の葬儀に委員として名を列ねている宇佐川一正中将とはいかなる人物か、児玉とどんな宿縁があったのか、気になる人なので、そのいわくを語っておこう。

　宇佐川は長閥出身であるがゆえに、寺内が陸相に就任すると間もなく、長閥が金城堅固していた軍務局長になっている。

　宇佐川は、その後も寺内を助けて日露戦争を経過すると、明治三十九年七月、中将に進み、その後は東洋拓殖株式会社の総裁となって、満鉄とともに鮮満政策に参与した。そのことから、彼は戦将ではなく、謀将でもなく、また軍政家でもない、ただ寺内の親戚として寺内を助け、ひたすら寺内に追随していた寺内子飼いの人間であったといえる。東拓の総裁としてもさほどの功績を挙げておらず、平凡な文官的武将に終始した。

　したがって、児玉とのつながりも、寺内を血統とする長閥出身であったがために、郷土人としての親近があったということだけである。この人は経歴から見るように、松川とも交流があったらしい。交流のほどはわからないが、後年、松川の手記によく出てくる名前である。

　この章の末尾に参考として付す。日露戦争当時の部隊編成は次のとおりであった。

軍は三個師団によって編成された。師団は、二個旅団によって編成された。連隊は四個大隊によって編成された。中隊は、四個小隊によって編成されている。

日露戦争は児玉源太郎の智謀で勝ったと後世の人に伝えている。たしかに、児玉は参謀の総帥だったのだから、そういわれても然りであろう。しかし、事実は違うのではないか。日露戦争諸々の作戦企画は、松川敏胤参謀の高邁な頭脳から絞り出されたものが多いのである。

「日露戦争は松川とクロパトキンの戦であった」といわれているように、この戦いは作戦の天才といわれた松川の作戦企画が、智将クロパトキンの智謀より勝っていたということではなかろうか。

大山も児玉も幕下の参謀の中で、松川の頭脳をだれよりも評価し信頼している。戦争を通じての作戦は、松川に任せっ切りだったのである。いわば、松川は日露戦争を勝利に導いた不世出の軍師であり、日本軍の頭脳であったといえる。

その松川が世に知られなかったのは、歌舞音曲、花鳥風月にこれといった趣味なく、無気質の軍人、武人に徹しすぎたためであろう。あまりにも切れすぎ、人に隙を見せず、堅物としての映像が強すぎたからではないか。

それに致命的だったのは、陸軍の長閥に敬遠されていたからであろう。言葉をかえていえば、世の中でいう〝ういやつ〟という面に欠けていたからかもしれない。人間として生真面目すぎ、面白味に欠けていたということになろうか。

しかも松川は、死ぬまで奢侈を好まず、質素は軍人の格守すべきこととしてこれを鉄守し、〝金は蓄えるものではなく、他人のために活用するもの〟と心に誓い、生涯、生活の軌道を崩さなかったのである。私はここに松川の〝武人〟としての意地と根性を見出し、他の将軍と違う〝生き方〟に共鳴するのである。

第八章　心友秋山兄弟

1

私が斎藤健氏の話に夢中に聞き入っているとき、奥の部屋に立たれた健氏夫人が数枚の写真を持ってこられた。見ると、一枚はキャビネ版の大きさで大将の礼装姿のもの。一枚は手札型大で大将が自宅で写されたと思われる和服姿のもの。残りの一枚は同じ手札型大で、新義州鉄橋下氷塊上にてと添え書きのある、大将と四人の若手参謀が一緒に写されているものだった。新義州は今の北朝鮮、鴨緑江沿いの都市である。

そして、四人の参謀には向かって右より阿賀中尉、小野参謀、津野田大尉、鈴木大尉と各人の氏名が付されていた。

私はこの写真を見て、瞬間、興味津々たるものを感じた。それは日露戦争時、第三軍を率いる乃木大将の若手参謀の中に、組織、隊列に組せず、独り奔馬戦陣を駆ける津野田是重という若手参謀がいたことを思い出したからである。私はじっとその写真に見入った。

津野田大尉（陸大十四期優等卒業、のち少将）と松川大佐は性格が合わなかったようで、戦野にあって、作戦上のことで度々と衝突していた。

ここで、二人の仲を露骨に現わすエピソードが『坂の上の雲』（司馬遼太郎著）にあるので、これを記そう。

――或る日、総司令部にやって来た津野田が松川を探した。作戦室にいた松川が津野田の姿を見ると、

「なんだ津野田か、何の用だ」と机越しに吠えるような声でいった。椅子があっても、松川は掛けろともいわない。松川は津野田というこの生意気な小僧を好んでいなかった。それだけでなく、津野田が属している乃木軍司令部というものを憎んでいる傾向にあった。あれほど下手糞な戦をやり続けて、日本軍全体を危うく崩壊寸前にまで追い込んだいわくつきの軍司令部であり、さらに、乃木軍の幕僚たちの雰囲気が甚《はなは》だよ

ろしくないというのが総司令部での評判だった。だから、総司令部では、指揮官の乃木と拙戦を企画している参謀長の伊地知を更迭すべしの声が大きかった。松川にはそんな悪い評判が立っている第三軍を放ったらかしにしてフラフラやって来た無責任な津野田には無性に腹が立った。

松川は児玉が最も信頼していた作戦家だが、性格は多少偏狭なところがあり、好悪の感情を露骨に現わす癖があり、むしろ、秀才にありがちな何事も完璧を求める完全主義者だった。だから、同僚には松川を満足させる人は少なかった。

津野田は松川の機嫌が悪いことを悟ると〝障《さわ》らぬ神にたたりなし〟と思ったのか、遠慮がちの小さな声で、

「松川参謀、我が第三軍の戦闘についてでありますが」というと、言葉を重ねて、

「つまり、繞回《じょうかい》運動をですね」といった。それを聞くと、松川は面倒くさそうに、

「つまりもなにもあるか、繞回運動だ、黙って繞回運動をやればいいんだ」と喧嘩腰の口調で答えた。

松川の作戦は常に積極的であった。しかしながら、内容は巧緻《こうち》でありすぎ、その巧緻な点が津野田にいわせると実戦を危うくするという評価なのである。こういった類の批判は、現代社会にあってもよくありがちなことで、出来る人には必ずとやかくい

う者がいるのである。――

津野田は、日露戦争にあっては常に乃木軍の参謀で、最後まで乃木の傍を離れなかった子飼いの参謀だったが、人情家の乃木と違って、性格いたって頑勝、長州の乃木の尾っ毛を振るような奴は、薩摩だろうと何だろうと、同じ穴のムジナだとばかりに、事ごとに当たり散らした。

この男はヒステリー症状のところがあって、いつも短慮をむき出しにしていた。それも、食事中に音を立てたといって、その者を立たせ、みんなの食事が終わるまで、そのまま放っておくというやり方である。よしんばそれが部下であっても、斟酌するということは微塵もない。人間の尊厳を足蹴にするほど、人を傷つける異常な性格者だった。

2

ところで、津野田の出身は熊本だが、東京育ちの都会者で、趣味は観劇にダンスという洒落者であった。かてて加えて、彼は陸大十四期の軍刀組。頭がいいから、見切りをつけるのも早い。大佐になって、連隊長を最後に名誉少将になると、さっさと陸軍をやめてしまった。ところで、知っている人もいると思うが、この人の三男が後に東條英機暗殺未遂で免官になる津野田知重少佐である。

昭和十九年三月、治安と情報を担当させられていた陸軍省防衛課の津野田知重参謀少佐は、皇宮警察柔道師範牛島辰熊に東條暗殺計画があることをキャッチする。

日本は終戦末期の症状で、断末魔の世相であり、世の中に何が起きても不思議はない。そんなとき、暗殺計画の中に三笠宮の名があることを知った。ところが、暗殺計画は未然に探知され、津野田と牛島は逮捕されてしまう。二人はさんざん殴られてから、終戦直前になって津野田は免官のうえ、廃墟の町に放り出された。東條にはまだ憲兵を使って津野田を消すだけの力はある。その後、宮様の手引きで津野田は満州に亡命する。宮様も参謀本部から無線研究所に左遷されてしまう。

そして、終戦。またしても津野田はあらぬことか、北白川宮の男のお子さんを擁して革命を考える。占領軍の出方次第によっては、どこかの山中にでも籠もり、皇統を護持するために戦うといって、真剣に計画を進める。同僚に「津野田健在なり」を誇示したかったのだろう。若気の至りとしかいいようがない。

しかし、計画は挫折してしまう。戦後、津野田は「殿下には貸しがある」という言葉をいいつづけて、昭和六十二年二月六日死ぬ。何と不思議な親子ではないか。秀才で血統書付きの切れ者の中には、常人には及びもつかない〃一駆千里を走る〃ような妄想を抱く人がいるようである。三男の知重も陸大五十六期卒の俊才。この人は父親同様、優等で卒業したことになっているが、なぜか、卒業名簿には星マークの優等賞は付されていない。陸大同期の高橋巌氏（終戦時、参謀少佐）の言をかりても、父親に似て優秀だったことを認めている。

前記したように、松川と津野田是重の関係は、性格的にも相容れないところがあり、決して良好とはいえなかった。松川の一参謀に徹しようとする心組みからすれば、津野田は常軌を逸した異端者に見え、当たり前なら避けて通る男である。

しかし、津野田是重は退役すると、あらぬことか、松川によりどころを見つけ、何かと身の振り方を相談していたらしい。松川の温容な性格に、心ひかれるものがあったのだろう。人の話によると、松川は拒否反応を示さず、いつも彼を温かく迎え入れると相談に乗っていたという。二人の間には、かつての陸大の教官と教え子の構図が甦っていたのかもしれない。津野田と同じ陸大十四期には、松川を敬慕して止まなかった後の大将田中国重がいる。

一、戦いすんで日が暮れて
　さがしにもどる心では

どうぞ生きて居てくれよ
ものなどいえと願うたに
二、それより後は一本の
煙草も二人わけてのみ
ついた手紙も見せ合うて
身の上ばなしくりかえし
なんと、軍歌「戦友」の唱句、「戦いすんで日が暮れて」が、口ずさまれる情景ではないか。

3

そのほか、松川には長い軍歴の中で忘れられない心の友がいた。それは、かの有名な秋山好古、真之の兄弟である。兄好古は陸軍士官学校では松川の二期先輩の三期生、陸軍大学校でも二期先輩の一期生。もとより二人は在学中より秀逸の学生だったから、その頃からいわず語らずの知友であったろう。若いときから二人はお互いに相手の存在を熟知し、お互いが騎虎に勝れた能力者であることを知悉していたに違いない。

だが、二人を決定的に結びつけたのは、両者が日露戦争に参陣して、黒溝台戦がすんだ後のひと時である。

というのは、松川が陸軍大学校卒業後、参謀畑一筋に進んだのに引き換え、好古は陸大卒業生としては異例といえるほど部隊勤務のみに終始したからである。その理由は、日本陸軍が将来、好古に騎兵の育成とリーダーシップをとらせることを運命づけたからにほかならない。

黒溝台の戦《いくさ》がすんだある日、総司令部の松川のところにやって来た好古は、長年の知己の間柄といわんばかりに微笑を浮かべながら、なれなれしい口調で、

「黒溝台で思いがけない敗戦を味わったのは、総司令部の作戦能力の拙さにあったのではないか。私は、黒溝台は日本の負け戦だと思っている。しかし、一歩も退かなかったために、結果としては勝ったかたちになっている。違うか、松川」

と、好古は婉曲に詰問した。

が、松川は作戦家の通弊で、自分の作戦の誤りは認めたがらず、

「あのときはね、お客さん（ロシア軍）が当然、左翼の方から来るはずだと思って、待ってたんだ」

と強弁した。

このときの総司令部はまさか、ロシア軍が攻撃して来るとは思っていなかったし、ましてや、日本軍の左翼方面に出て来るなどとは思いもしなかった。

それを聞くと、好古は憤然として、

「おい、松川、それは死んだ連中に対する無礼というものではないか。お客を待っていたというなら、ちゃんと接待の支度をしておくべきではないか。何の接待の準備をしてないところへお客に見舞われたものだから、あのざまだ。……お客が大勢でやって来ることはわしの方から何度も報告し、警報していたではないか。そういう予兆を無視したために、あの不始末が起こったのだ。松川、そうは思わんか」

となじった。

たしかに、この作戦は松川の誤断であった。後日、この戦については、児玉も大いに反省している。諜報参謀の小池安之少佐（陸大九期、のち中将）が松川作戦主任参謀に、

「敵の攻勢は近いと思われます。先日来の敵騎兵の跳梁は、その前兆ではないでしょうか」

と警告を発した。しかし、松川はその警告を受け入れなかった。

「この厳寒積雪中に、大兵団が活動できるわけがない。できても、局部的なものだろ

う」

というのが松川の判断だった。児玉も同じ判断をしていた。しかし、それは明らかに児玉、松川の過《あやま》ちで、クロパトキンは本格的な攻勢を考えていたのである。

平均気温が零下二十度という満州の厳冬期に、人間は満足に動けるものではない。だからこそ松川ら満州軍の幕僚は、奉天攻撃の実施時期も、厳冬激寒期を避けている。しかしそれは、防寒被服が貧弱で厳しい寒さを体験したことのない日本軍にだけ通用する原則にすぎない。軽くて保温性に優れた防寒服を身に着け、しかもナポレオンの侵入を撃退して以来、冬季作戦に絶対の自信を持っているロシア軍が攻勢を企画しても、少しもおかしいことではなかった。

しかし、松川はそれに気づかず、あくまでも局部活動説をゆずらず、左翼に対する補強を行なわなかった。

後年、松川は日露戦争の経過を人に語るに、この戦のことになると反省しきりだったという。常々、黒溝台の戦は、「自分の過信で苦戦した」と反省句を語っている。天才も、経験不足ではどうしようもなかったのだろう。

松川は好古の見幕に非を認めたのか、押し黙ってしまった。そのようすを見てとった好古は、それ以上のことは触れなかった。

この頃、総司令部の若手参謀には、「馬方の情報や報告など聞けるか」と、騎兵を馬鹿にする風潮があった。

しばしの間を空けると、好古はふたたび口を開けた。

「なあ、松川。戦国の世、朝倉一族の朝倉宗滴《そうてき》という人が残した言葉に、名将というのは一度こっぴどい敗戦を経験した者でなければ本物にはなれない、というのがある。この際、敗戦を素直に受けとめて、このつぎには勝ち戦をやればいい。兵隊は日本の宝だ。これ以上、死なすわけにはいかん」

とたしなめるようにいった。

松川が、朝倉宗滴なる人物を知っていたかどうかはわからないが、それからの松川にとって、この言葉は忘れられない重いものになった。好古は松川という男が好きだった。彼の奇人といわれるような戦略的発想を、驚異の目で見ていた。

だが、その松川の性情は気位が高く、自分の考えが絶対に正しく、他の者は自分の命令に従えばいいと思う自信過剰のところがあった。秀才にありがちな性情である。好古は松川のこの点が残念でならなかった。好漢惜しむべしの情念が強かった。だから、松川にとって、秋山のような先輩がいたことはどれほど救いになったかわからない。

4

明治三十九年七月二十八日、児玉源太郎大将の葬儀が青山斎場で執り行なわれた。

その折、松川は葬儀委員として諸般の準備に当たったが、当日、会葬者として出席した秋山好古と久し振りに面談をしている。

二人は雨しきりの戸外にあって立ち話ではあったが、一時の懐旧の思いにひたった。

そのときの松川は、

「秋山さん、あの黒溝台でのご忠告は、私の胸に刺さりました。それからは、参謀として作戦の重さをいやというほど悟り、多様性に人為を尽くしたつもりです」

と語ったという。このとおりいったかどうかは知らないが、この対話は、葬儀に連なった鋳方徳造（陸大九期、のち中将）の後日談である。

十五年ほど前、私は処女作として『墓よりの近代人物史談』という本を刊行した。

その折、松山の道後温泉近くにある白鷺墓地を訪れている。秋山好古の墓は、この白鷺墓地にある。広い墓地の中を歩き回り、やっと見つけた墓は好古の人柄、性格をあらわすようにとても地味で小さなものであった。かねがね「先祖の墓より大きいものはつくれない。子孫のためによろしくない」といっていた好古の心情があらわれているようであった。なお、好古の墓は東京の青山霊園にもある。

陸軍大学校の第一期卒業生の中に、騎兵将校は好古一人しかいない。さらに、同期生十名のうち、後に陸軍大将までなったのは、日露戦争で騎兵旅団長として活躍した秋山好古と、松川敏胤と同じ満州軍の高級参謀として聞こえた井口省吾の二人だけである。

明治二十年、フランスのサンシール士官学校へ聴講生として入学するため、好古は渡仏している。というのも、旧幕時代から、日本はフランス陸軍に学んでいたからである。ところが、明治二十四年に帰国してみると、なんと日本陸軍はフランス式を廃して、ドイツ式に改めていた。まだ草創まもない陸海軍のことなので、とにかくチグハグのことが多かったわけだ。

明治二十六年、好古は三十六歳の晩婚ともいえる年で結婚したが、これは妻帯すると職務一筋に励めなくなると考えていたからだ。

新婚一年目に起こった日清戦争に騎兵大隊長として出征した好古は、生来の風呂嫌いもあって、とうとう八ヵ月の間、一度も入浴しなかったという。これは、職務に精励したため、風呂に入る時間がなかったというのが本音らしい。とにかく責任感溢れた生真面目な人だったようだ。

あるとき、戦線で五ヵ月以上も風呂に入っていない好古に、副官の中屋新吉大尉と従卒の綿貫一等卒が、「隊長、風呂に入ったらいかがですか」とすすめると、好古は、「俺は、戦地に風呂に入りにきたのじゃない」と一蹴したそうである。この一言をもってしても、好古の躍如たる人柄が偲ばれてくるようである。

この時期は、あまり活躍舞台に恵まれなかった好古だが、明治二十九年には陸軍乗馬学校の校長に任命されている。その間、騎兵の編成はどうあるべきかを研究し、〝本邦騎兵用法論〟を上層部に具申した。そのために、以後の日本騎兵は二個中隊をもって一大隊とし、常備では七個大隊しかなかった騎兵軍団を、三個中隊をもって一個連隊とし、十三個連隊二個旅団の編成とすることに改めた。そのうえ、騎兵三個中隊に機関銃六梃と予備中隊を配して一個連隊としたのは、当時の英国の軍制に倣《なら》ったものである。

現代は、機動力のあるタンクや装甲車を中心とする集団を機甲軍団と呼んでいる。明治の陸軍では、火砲や機銃を備えた騎兵隊が機動部隊の中心だったのである。

さらに好古は、急速に発展しつつある通信技術に着目して、有線と無線を騎兵隊に導入したので、命令や敵情報告がいち早く入手できるようになった。これを見ても、好古の先見性がわかろう。いずれにしても、着眼点良好の人であった。

当時、日本陸軍は、大陸戦に備えて、一万頭の軍馬を準備しようとしたが、費用の点でいっこうに進まず、三千頭を手当するのがやっとのことであった。

そんな状況下で、日露戦争がはじまった。もともと日清戦争で日本が獲得した遼東半島を還付せよと強引に迫ってきたのがロシアで、しかもこのとき、独、仏を仲間に巻き込んで強圧してきたので、これを三国干渉と呼んだ。

そして、泣く泣く日本が手を引くと、さっそくその代償としてロシアはシベリア鉄道を延ばし、中国の領土である満州（現東北地方）を通過する権益を得たばかりか、今度はその保護を名目に、大軍を派遣して来た。

さらに、ロシアは艦艇を旅順港に入港させたうえで、清国を保護するという口実で、遼東半島を二十五年間租借することにして、満州全域をほぼ植民地化してしまった。

そのため日本は、遼東半島をロシアに奪われたばかりか、加えて、ロシアと国境線でも接するようなことになったら、大変だ、ウカウカ出来んぞと、脅威の念が日本中にひろがっていった。

しかし、ロシア帝国は強大な軍事力を誇っていて、黄色い猿どもがいくら騒ごうとも、ひとたびロシア軍が出動すれば恐れをなして逃げ出すだろうと、高をくって、旅順に強固な要塞を築き、着々とウラジオストックの海軍力を増強していった。

　このままロシアのアジア進出を黙認すると、今に日本の主権を脅かすことになるだろう。国の大事になる。立ち上がるなら今のうちというので、明治三十七年二月四日、伊藤博文、山縣有朋、大山巖など五元老と、桂太郎首相をはじめとする閣僚が集まって開かれた会議で「開戦」が決意されると、新しく編成された第一軍（軍司令官黒木為楨《ためもと》大将）がまず出動した。

5

　秋山好古少将が率いる第一騎兵旅団が、広島の宇品港を船出したのは五月になってからである。

　ヨーロッパの強豪、ロシア騎兵といよいよ生死を賭けて優劣を競い合うことになった。

　人馬の体格は劣るけれど、日本騎兵は劣勢を訓練によっておぎなってきた。秋山少将は、決意を胸中に秘めて第一線に出動した。

　大山、児玉、それに作戦主任の松川敏胤大佐、情報主任の福島安正少将、後方主任の井口省吾少将など満州軍総司令部の一行は、その後の七月十日に宇品港を出発した。そしてまず、一行は遼東半島東方の長山列島泊地に碇泊している「三笠」に立ち寄り、連合艦隊司令長官の東郷平八郎と旅順攻撃について打ち合わせを行なっている。

ついで七月十四日、大連に着くと、ロシアの大連市長が住んでいたという官舎に入った。これが大陸に初めて足を踏み入れた満州軍総司令部の足跡であった。

話を元にもどすと、五月二十六日、秋山旅団は第五師団に属して南山攻撃に参加した。このとき、勇猛誇るコサック騎兵とぶつかったために、弾薬が欠乏したばかりか、敵の集中砲火を浴びて犠牲者を多く出している。このとき、副官が、どうか後方にお下がり下さいと進めた。しかし、秋山少将は、好物のブランデーを飲み干すと、そのまま、石垣の陰でゴロ寝してしまった。

大胆不敵というか、副官たちはハラハラしどおしだったが、旅団長が眠ってしまったのでは、部下は勝手に動くわけにはいかない。

そうこうしているうちに、夕方も近づいたこともあって、ロシア軍も引き揚げていった。おかげで、日本軍の士気は上がった。しかもロシア騎兵も、日本騎兵の粘り強さを、すっかり見直したようであった。

この緒戦の頑張りが物をいって、第一騎兵旅団は以後、秋山支隊と名乗ることになった。この支隊には、旅団のほかに歩兵一連隊、騎兵一連隊、野戦砲兵、騎砲兵中隊などが配属されたので、戦力は一段と増強した。

ロシア軍の砲弾が雨あられとなって飛来してくる中で、秋山旅団長は、水筒に入れてきた好物のブランデーを悠々と口にしている。口にしているというよりも、口の中に流し込んでいるといったほうが適当かもしれない。それほど好古はアルコールが好きだった。

〝敵襲です〟と伝令兵が報告しても、いっこうに動じるふうがなく、その悠揚迫らざる態度を目にするだけで、部下は勇気が湧いた。この人が指揮をとっている限り心配はない。この人の命令に従っていれば死にはしない。このように、組織を動かすには部下の信頼が大事である。

——武田節に「人は石垣、人は城」というのがある。家康が希代の英明、剛毅でも、周りに人垣ができなければ覇権を握ることはできない。松平党以来、三河藩時代の家臣団の忠誠心、帰属意識が彼の揺るぎない藩屛《はんぺい》になっている。彼らはなぜ身命を賭けて家康に従い、楯になったのだろうか。総大将の智力、胆力、腕力が衆に抜きん出ていたからである。主人と共に死線を越え、修羅場をくぐり抜ける中で、家康のスーパーマンぶりを、自分の目で実地に見聞し、確認したからだ。

この大将に従っていれば間違いない。身の安全が保証され、三度のメシにありつける。女房、子供たちも生きていける。しかも、家康は能書きをたれるだけの臆病な〝岩陰部隊長〟ではなく、戦えば全軍の先頭に立ち、進め、退け、天地に轟《とどろ》く号令を発した。

鎧《かぶと》を脱いだ強者との談合では、蛮勇に走らず、沈着冷静、いかなる辱《はずかし》めを受けようと莞爾《かんじ》として強要を受諾、一族郎党が生き残れる道を選び、他日を期した。だから、家臣団は家康の能力を信頼し、周りに集まった。

とやかくいっても、人間は本質的に損得勘定で行動し、感情の振幅に振り回されて生きる。このことは昔も今も変わらない。私もこのことは、長い社会生活で如実に経験している。――

ある日のこと、豊臣秀吉が諸将の居並ぶところで徳川家康に、

「徳川殿の秘蔵の宝は何でござるか。お聞かせ下され」

と訊ねた。家康は、

「太閤殿下や諸将の方々と違い、それがしは三河の田舎者でござれば、珍しい宝物など何もござらぬ。ただしそれがしを至極大切に思って、火の中、水の中へも飛び込み、自分の命を塵芥《ちりあくた》とも思わぬ者を五百騎ほど持っております。この五百騎を召し連れま

すと、日本六十余州に恐ろしき敵などおりませぬ。これこそがそれがしの一番の宝物と思い、平生大切に秘蔵しております」

と答えたという。

それを聞いた秀吉は、顔を猿のように赤く染めて恥じ入り、自分もそのような宝物を手にしたいものだ、と大いにうらやんだという。（『名将言行録』）

私の好きな言葉に〝して見せて、言って聞かせて、させてみせ、誉《ほ》めてやらねば人は動かず〟というのがある。少年時代、私の憧れだった山本五十六海軍大将の述懐である。これは上に立つ者のありようであり、哲学である。

問題は大将が家来や部下に対して、率先垂範、文武百般にわたり挺身の実をとる。小理屈ばかり重ねて、さんざん講釈した挙句、自分ではやらない。やってみても失敗する、では大将失格である。「百日の説法屁一つ」である。人様のお心を頂戴するのは容易ではない。

家康や山本大将に共通するのは、何事であれ、まず自分でして見せることができた点である。だから、皆が納得して後に従った。私もこれには賛成で、いつも先頭に立って、実践することを心懸けている。小理屈ばかり唱える経営者には重みがない。何事も挺身の実である。

遼東と奉天のほぼ中間地点における黒溝台の守りについた秋山支隊めがけて、ロシア軍は、これでもかこれでもかと大軍をもって攻め込んで来る。秋山支隊は歩兵師団をともなわない騎兵隊という弱点があったので、敵は攻めるに格好の目標だった。秋山少将は本来、遊軍である騎兵隊が陣地を死守するより、本職の歩兵師団の増強をと何回となく具申したけれど、総司令部はみずからのミスを認めたくないので、なかなか承知しない。

6

一月二十五日、折りからの降雪をついて敵の大軍が押し寄せて来た。秋山少将は馬を下りた部下たちに陣地をつくらせ、最後の一兵となっても陣地を死守せよと厳命して、文字どおり阿修羅のごとく戦った。

この情況を知って驚いた総司令部が、後になって三個師団を応援として派遣してくれたが、時すでに遅しだった。日本軍の死傷者は九千三百名を数え、二十九日になって、ようやくロシア軍は兵を引いた。

この黒溝台の激戦につづいて、秋山支隊は旅順から駆けつけてくる乃木第三軍の援護を引き受けた。それも、ロシア本国から到着したばかりの精鋭騎兵師団の進出を阻止せよというのである。

「なんとか夕刻まで持ちこたえてくれんか」と、乃木第三軍司令官から依頼を受けている。しかも片腕と頼む豊辺新作大佐（のち中将）が負傷して、いよいよつぎは自分かと内心覚悟を決めていた。こうして、秋山支隊が必死で敵の騎兵師団を食い止めている間に、第三軍は奉天へ向かって進軍していった。

頑固に戦いつづける秋山支隊の抵抗に手を焼いて、敵はとうとう退却を開始した。夕刻を過ぎたなら転進してもよいといわれていたその日没前に、敵を追い払ってしまったのだ。むろん、第三軍の将兵はその間に、最終の決戦場である奉天に到着している。こうして日露戦争は、日本軍の勝利に終わった。これは秋山支隊の功績として挙げねばならないことである。

戦後、彼は騎兵監となり、明治四十二年八月、中将に昇進した。さらに第十三師団長、近衛師団長、朝鮮駐剳軍司令官を歴任して、大正五年十一月、大将に任ぜられた。この後、教育総監を経て、十二年三月、予備役に編入された。

松川が中将に昇進したのは、秋山より三年後の明治四十五年二月、大将に任じられたのは秋山より二年遅い大正七年七月であった。二人の陸軍大学校卒業の年が、そのまま昇進の隔差となっている感がある。

文中に豊辺新作大佐のことが出てくるが、この人について若干の話題をさし挟みたい。

豊辺新作大佐は越後長岡藩の出身で、長岡の英傑河井継之助の従兄弟に当たる。彼は士官生徒第五期の騎兵科で、多少覇気に欠けるところがあるといわれていたが、その胆勇は鬼神も恐れず、三軍の将たる器量を具《そな》えていた。

そして、その人格、徳望、閲歴は当時の騎兵科中の第一人者であった。本当に武将らしい武将で、もし彼が長藩に生まれたならば、前途は洋々たるものがあったろうといわれている。最後の職は騎兵第四旅団長であった。

7

ところで、兄の好古、弟の真之が共に日露戦争に従軍している間に、母が死去した。訃報を受け取ったとき、好古は副官に、

「このことは、だれにもいうんじゃないぞ」

と固く口止めして、しばし瞑目したという。けれど、弟の真之の方は、ちょうど作

戦の合い間だったこともあって、さっそく郷里へ帰って母の死目に会うことができた。

だが、その真之は、後年、海軍大学校を出ずして中将に栄進したものの、途中、病気に罹《かか》っている。それから後、静養に努めたが大正七年二月、小田原の知人宅で腹膜炎のため死亡した。五十一歳の若さであった。

そのとき、好古大将は軍務のため奥州白河へ出張中だったので、弟危篤の報を受け取ったが、「行かぬ、よろしく頼む」という電報を打っただけで、逝去の報にも帰郷しようとしなかった。それを見兼ねた田中義一陸軍大臣は、葬儀に帰られたしと半ば命令としてすすめたので、彼はようやく帰郷した。

真之の死に当たって好古は、「弟真之には、兄として何ら誇るべきものはありません。しかし、ただひとつ、私から皆様に申し上げておきたいことは、真之はたとえ秒分の片時でも、自分のためよりも『お国のため』を忘れなかったことです。四六時中、この観念を頭から離さなかったということです。このことだけははっきりと、弟を誇りとしていい得ることです」と語ったという。けだし、この弟ありて兄ありの感である。

古武士のような大将、もはや二度とこのような武人は現われまいといわれた好古大将は、なぜか元帥にならずじまいだった。当然、元帥になっていい人格と軍歴があったので、そのような話はあったと思われるが、本人がよくいわれた言葉〝己れの分にあらず〟を貫いたのだと思う。同時に、授爵の話も断わっている。なんと清々しい武人であろうか。

大正十三年、軍務を去った好古は、懐かしい生まれ故郷の松山へ戻って、今は亡き両親や兄弟たちの菩提を弔った。そして、松山の北予中学の校長に迎えられた。ダルマ大師とあだ名された老校長は、〝常に品性と体格と勤勉が学生の本分である〟と説いたという。私としても、松川と同様、本当にお目にかかりたかった憧れの人である。昭和五年十一月四日、好古は天寿を全うし逝去した。時に七十二歳であった。その昭和五年は私の生まれた年でもあった。

松川は死ぬまでこの人と交信を絶やさなかったそうだが、卓越した人格を思うと〝むべなるかな〟と思わざるをえない。

その松川は、弟の真之とも肝胆あい照らしていた仲であったという。もちろん、軍務多忙の二人、頻度のある付き合いではなかったと思うが、兄好古と同じく交信の燈火は絶やさなかったのではないか。とくに、二人の絆は、日露開戦前、新橋の湖月でお互いが思想を同じくして気脈を通じ、それから日露戦争終了後、貴衆両院に請われて戦争の経過報告をしたことで、胸襟を開くようになったのではないかといわれている。

おそらく、二人の性格は謹厳にして几帳面、それに、ずば抜けた頭脳の「人間コンピューター」という点で共通していたのではないか。性格、思考がとてもよく似ていたように思われてならない。まさに、陸の松川敏胤、海の秋山真之である。

真之は日露の海戦では、東郷大将麾下にあって旗艦「三笠」に配乗し、連合艦隊参謀として数々の作戦を企画したことで有名だが、対馬海峡からウラジオストックまでの間に昼戦夜戦を合わせて七段構えの作戦を立てていたという。当時の海軍にあっては「海軍の頭脳」といわれていたが、けだし、秋山の頭脳に日本の命運を委ねることができた明治の日本海軍は幸せだったといわざるをえない。

「海軍大学校の父」といわれた坂本俊篤当時大佐（海兵六期、のち中将、男爵）は信州高遠にいわれのある私の母の係累だが、真之はその坂本とニューヨークで会い、それがきっかけで海軍大学校の兵学教官に招かれている。

山梨勝之進大将（海大五期）は真之の教え子の一人であったが、当時をこう語っている。

「私が海軍大学校学生のころ、教官に秋山真之中佐がおられました。その講義は戦略、戦術、戦務を体系づけた、飛びつきたくなるような魅惑的で、筋が通った胸のすくようなものでありました」

また、皇太子妃雅子様の祖父に当たられる戦術の大家山屋他人大将（海大将校科第二期）は、真之のことを「天才・傑物・哲人」と評している。あの、名文「天気晴朗なれど浪高し」「皇国の興廃此の一戦に在り。各員一層奮励努力せよ」は、この人にすればなぐり書きかもしれないが、まさに頭脳冴えわたった人がつくる格調高い名文である。とりわけ私の好きな連合艦隊解散の辞といわれた「二十閲月の征戦すでに哲事と過ぎ……」の文章は絶品であった。

秋山真之という人の資質を一口でいうなら、「当意即妙」という言葉になるのではなかろうか。真之が愛した言葉に「大慈、大悲」というのがある。私はこの言葉が好きで、ときどき拝借している。

坂本俊篤は、同期の山内万寿治《ますじ》（海兵六期、のち中将）、斎藤実《まこと》（海兵六期、のち大将）とともに、海軍の三秀才とたたえられた。後に、〝海軍の父〟と呼ばれるようになる実力者の山本権兵衛は、つとにこの三名に着目し、それぞれの特性を生かして、山内には技術方面を、坂本には教育を、斎藤には行政をそれぞれ担任させ、三人で後の日本海軍の基礎をきずかしめることとした。

彼らは山本の期待に応えた。すなわち、山内は呉海軍工廠を組織し、造艦と造兵を完成させ、わが海軍の技術界にこの人ありを示した。坂本は海軍の教育、とりわけその幹部となるものの育成、つまり大学教育を長くその一身に引き受け、その間、多数の才幹を世に送った。斎藤は、長いこと軍政方面で功績を残し、明治三十九年一月、山本権兵衛に代わって海軍大臣となった。

しかし、真之は日露戦争の一年半で、心身を擦り減らし、日本海海戦十三年後の大正七年二月四日、五十一歳で没した。生前、彼は東郷元帥を補佐して偉業をたてられたことは、軍人の本分だと語っていたという。

とにかく、秋山真之だけではないが、明治の時代には人材がいた。国を憂い、人を思う男がいた。今はどうだろう。自分の利得ばかりに走る輩ばかりではないか。自分さえよければいいの男ばかりである。男を気取る見せかけ、イミテーションの男も多い。しかし、本質がないからすぐ化けの皮がはがれる。

上記のほかにも松川が生前、交流した人は多い。他にもたくさんいただろう。しかし、今となってはそのすべてがうたかたである。忘却の彼方である。わずかな記録、語り草でしかわからない。したがって、以上は切れかかっている糸をたぐって偲《しの》んでみた人たちなのである。

第九章　乃木の感慨

1

ロシアと開戦が決まるや、明治三十七年二月五日夜、連合艦隊の第二艦隊（司令長官上村彦之丞中将）は、第二師団（仙台）、第十二師団（小倉）をもって構成された第一軍（軍司令官黒木為楨《ためもと》大将）を朝鮮の仁川に上陸させるため、輸送船団の護衛に当たった。

仁川港に到着した第二艦隊第四戦隊は、上陸作戦が無事完了したのを見届けると、ついでとばかり港内に待機していたロシアの軍艦と交戦し、一隻を沈没、一隻を自沈させた。

　また、旅順に向かっていた一方の主力連合艦隊は八日夜、駆逐艦隊をもって水雷攻撃を行ない、旅順港外に碇泊中の新鋭戦艦ツェザレウイッチ、レトウィザンおよび一等巡洋艦一隻に大損害をあたえた。

　そして、翌九日午前には、さらに艦隊の主力をもって港内の敵艦にも砲撃を加えた。この戦闘によって、ロシア太平洋艦隊の戦闘力はそがれ、以後しばらくは旅順港内から動きがとれずじまいとなった。

　これによって海軍は、黄海の制海権を握ることに成功した。そればかりか、南朝鮮への上陸作戦を仁川に固定することができ、これにより、戦場予定地は、一挙に朝鮮から満州に移されることになった。

　もともと釜山、京城間に鉄道を敷設する権利は、日清戦争によって日本が獲得していたが、資金不足と日本の実業界の熱意不足のため、遅々として工事は進まないでいた。だが、ここにおいて海上補給が北朝鮮まで可能となったわけで、動員は急速に進められることになった。

　日本海軍はこのような奇襲によって、緒戦においてロシア太平洋艦隊にかなりの打撃をあたえることができたが、ウラジオストックに待機している敵艦隊はまだ健在で、いつ出撃してくるかわからない。そこで、かねてから計画されていた旅順港口の閉塞作戦を実施することとなった。ボロ船に石やセメントを詰め、港口に沈めてロシアの艦船が自由に出入りできなくしようとするのが目的である。そこで、この作戦の実施は、損害が少ないと思われる深夜に敢行されることになった。

第一回の作戦は二月二十三日、天津丸以下の五隻によって敢行された。ロシア軍側にとっては不意をうたれたこともあって、日本海軍は戦死一名を出しただけで、その他の閉塞隊員は無事水雷艦隊に収容された。だが、引きつづいての二十五日は、ロシア巡洋艦の監視が厳しくなり、閉塞作戦はできずじまいだった。

そのころから満州の曠野を閉ざしていた氷がとけはじめ、戦機が次第に熟してきた。ロシア軍は主戦場となる中国東北部に、シベリア鉄道を通じて部隊をつぎつぎと送り込んできている。陸軍としては、できるだけ早く第二軍（軍司令官奥保鞏《やすかた》大将）を遼東半島の一角に上陸させ、ロシア軍の南下を迎え討たなければならない。そのためには、一刻も早く旅順にいるロシア艦隊に徹底的な打撃をあたえておく必要がある。そこで三月二十七日、二回目の閉塞が決行された。

第二回閉塞では、福井丸以下四隻を沈めることができたが、広瀬武夫少佐、杉野孫七上等兵曹、二人の戦死者を出してしまった。中堅将校の戦死はこれが最初である。

広瀬は即中佐に進級し、破格の功三級に叙せられ、軍神と仰がれるようになった。閉塞はこの後も一回行なわれたが、遂に成功しなかった。しかし、二人の勇壮なエピソードは後々の世に語りつがれ、国民の間で英雄視されていった。二人の壮絶な戦死の模様は、軍歌にまで歌われている。

陸軍は、日露戦争の本命は陸軍にあると考えていたから、海軍が仁川と旅順で緒戦を飾ったことに、いらだっていた。先を越されたことで切歯扼腕していた。なんとか早く一戦を交えて陸軍の面目を一新したい。だが、制海権を充分に日本の手に収めないうちに、大軍を遼東半島近くに上陸させることは無謀である。海軍は自信がないから、護衛の責任は負えないといっている。

海軍は敵状に応じて行動すべきだというのに対し、陸軍は大軍を動かすには事前に詳細な計画を立てる必要があると主張する。このように陸海軍はことごとくに意見が対立し、戦争中、終始、その調整に難渋した。

しかも陸軍は、山縣にせよ児玉にせよ、長州出身であるのに対し、海軍は、山本権兵衛海相にせよ伊東祐亨《すけゆき》軍令部長にせよ、東郷平八郎連合艦隊司令長官にせよ、みな薩摩出身で、このような重大時期になっても薩長の対抗意識が強かったことは否定できない。そのためか、陸海軍の連絡はきわめて悪かった。

その証として、四月末、「海軍部より旅順の閉塞を第二軍揚陸後に延期する旨の通報に接し、参謀本部は暫時、開いた口がふさがらなかった。今にしてこの不可解な通報に接して愕然たるは理の当然であった」(『機密日露戦史』)とは、当時の陸軍参謀の率直な感想であった。

2

ともあれ、奥保鞏大将を軍司令官とする第二軍は、五月五日から遼東半島に上陸を開始し、ただちに東清《とうしん》鉄道の線に進出してロシア軍と接触するにいたった。第二軍を指揮する奥大将はふだん温然春風のごとき人だが、ひとたび戦場に臨むと熾鋭壮烈、古の猛将の概があった。

これより先の五月一日、第一軍は二日前から鴨緑江を渡っていっせいに進撃を始め、ロシア軍から猛烈な抵抗を受けつつも、その日の夕刻には後衛部隊の包囲に成功し、戦いは勝利に終わった。この戦いで、二十八門の速射野砲を鹵獲《ろかく》し、多数の捕虜を得ている。ロシア軍三万に対し、日本軍は四万、砲においても日本軍は優位にあった。

第二軍は引きつづき多少の抵抗を受けながらも、一挙に鳳凰城《ほうおうじょう》まで前進した。ここに陸軍は待望の第一戦を飾ることができた。日本陸軍はこの一戦で、ロシアと対等以上に戦える自信をもったのである。兵士の間に、ロシア軍何するものぞの気概は盛り上がった。

その頃、ロシア軍は遼陽付近に止まっていて、南下する気配はなかった。ロシア軍司令官クロパトキン将軍は、日本軍をできるだけ奥地に引き込み、そこで一挙に勝敗を決しようと作戦を立てていた。

これに対し、大本営は第二軍を二分して、一方では北のロシア軍に備えさせ、他の一方で「速カニ陸上ヨリ金州半島ノ咽喉ヲ占領セシメ以テ陸海相応ジ速カニ大連湾ニ根拠地ヲ設ケ一ツハ以テ安全ナル上陸地ヲ確取シ一ツハ以テ旅順ノ敵ヲ益々孤立ノ勢ニ陥ラシ」めようとした。

それに対して、第二軍は海軍の協力が得られないため、弾薬糧秣を集積させるまで攻撃を延期したいと考えていた。しかし、前面の敵を過小評価した大本営は〝何するものぞ〟と尻を叩いた。

止むを得ず、第二軍は五月二十六日、第一師団（東京）、第三師団（名古屋）、第四師団（大阪）の三個師団三万六千の兵力と砲二百門をもって金州を攻撃したが、守備固く、将兵の死傷は増加する一方であり、そのうえ銃弾も欠乏してきた。この模様を、司令官はこう報告してきている。

「南山の陣地は嶮峻なる高地線に半永久築城を施し、大小砲約七十門機関砲八門を具え、連絡囲繞《いにょう》せる数層の砲塁線には銃眼を穿《うが》ちたる掩蔽部《えんぺいぶ》を作り、その前方には多数の地雷及び鉄条網を設け、かつその間隔を補うに多数の機関砲を以てせり。我砲兵は全力をあげてこれの破壊に努力し、またしばしば陣地を交換して敵に近接し、以て歩兵の前進に勢力を与えたりしも、敵兵の抵抗はすこぶる頑強なりしを以て午後五時に至りても、我歩兵のため未だ突撃の進路を開くに至らず。

我携行砲兵弾薬はまさに尽きんとし、戦闘を永く継続すること能わざるに至れり。よりて止むを得ず歩兵をして損害を顧みず強襲を行なわしめ、砲兵をして補充しうる弾丸を尽くして敵を猛射せしめたり。我第一師団の歩兵は勇を鼓《こ》し敵陣に向かい突撃せしも、敵の猛烈なる瞰射と側射により多数の死傷者を生じて前進することを得ず、すこぶる苦戦に陥りしが、この時、金州湾にある我艦隊は猛火を開き、この機に乗じ全線をあげて勇奮突入し、剣尖相接するに至るまで激戦して遂に南山を攻落し、各砲塁上に国旗を翻せり」

この戦闘で日本軍の死傷者は三千五百にのぼったが、ここで日本軍が初めてぶつかり、その威力のほどを思い知らされたのが、司令官の報告にもあるように、ロシア軍の機関砲、すなわち機関銃であった。神州男子といえども、新兵器の威力にはかなわなかったわけである。

日本軍が機関銃を使ったのは戦争末期のことだったから、両軍の兵器の差は歴然としており、これに対して、日本軍は肉弾で反攻するしかなかったのである。しかし、この頃の日本に機関銃が製造されていなかったわけではない。製造されていたのだが、ロシア製にくらべるとかなり見劣りし、故障頻発で実用できなかったのである。

3

その十数日後、新たに編成された第三軍の司令官となった乃木希典大将は、金州に到着し、南山の戦場を視察すると、そのときの感慨をつぎの詩に詠《よ》んだ。

山川草木転《うたた》荒涼　十里風腥《なまぐさし》新戦場
征馬不前《すすまず》人不語《かたらず》　金州城外立斜陽《しやようにたつ》

乃木大将は、那須野の別荘で静かに晴耕雨読の生活をしていた退役の将軍であった。

後日、大本営の方針が旅順攻略と決まるや、明治天皇にみずからが挺身することを献言し、第三軍の司令官に任命されている。彼の長男勝典中尉は、第一師団の中隊長として、この南山で戦死した。

乃木の「山川草木……」の詩は、世上あまりにも有名だが、この詩には長男勝典戦死の涙感がひしひしと胸にせまるものがある。乃木の詩作はどれもが情感溢れていて、格調高い名文に感動する。この人は軍人にならずとも、この道で立派に大成していたのではないか。とにかく、乃木という人は、肺腑をえぐるような涙の詩をつくる人である。

とかく、明治の将軍には名文、能筆家が多い。とりわけ乃木は、軍人生活で四回の退任劇を演じたりして、演出家としても他の将軍に優るひとかどのものを持っていた。が、名文、能筆の点でも秀逸であった。専門家の評価でも、このひとの漢詩は一流といわれている。

私も自惚《うぬぼ》れをいわせてもらうと、海軍にいたとき、民間会社で募集するポスター標語に応募して一等に当選したことがあった。そのときは、生徒隊監事から大変ほめられたことを覚えている。その標語を恥じて披露すると、

〝親の年波知らぬじゃないが、国の大事が海で待つ〟

〝我が民に一億の母あれど、我が母にまさる母はなし〟

であったと思う。別にこれといった詩作ではない。でも、当時は十七歳の少年である。

先に北進した第二軍は、六月、徳利寺《とくりじ》において南下してきた優秀なロシア軍と戦い、辛うじてこれを撃破したが、目ざすところは第一軍と協力して雨季前に、遼陽に拠点を置くクロパトキン麾下のロシアの大軍を攻撃することにあった。このときの奥軍の進撃は、まさに急であった。日本軍司令官の中で、参謀がいらぬのは奥大将だけだといわれた知将である。その奥大将が率いたのが第二軍であった。

4

大本営では戦線が拡大される一方だったので、六月末、現地に満州軍総司令部を設けることとし、満州軍総司令官に大山元帥、総参謀長に児玉大将（児玉は六月六日、大将になった）、参謀総長に山縣元帥大将、参謀次長に長岡外史少将が親補された。

幕僚部のほか七十名ほどの衛兵を持った総勢二百十名ほどの司令部であったが、その幕僚陣は従来の大本営軍部の精鋭ぞろいで、それがこぞって大陸に移るものであっ

た。その名を列記すると、

総司令官　大山巌　元帥陸軍大将　侯爵
総参謀長　児玉源太郎　大将
参謀少将　福島安正（のち大将）
参謀少将　井口省吾（のち大将）
歩兵大佐　松川敏胤（のち大将）
歩兵少佐　田中義一（のち大将）
歩兵少佐　尾野実信（のち大将）
歩兵少佐　田中国重（のち大将）
歩兵少佐　河合操（のち大将）
歩兵少佐　小池安之（のち中将）
歩兵大尉　岡田重久（のち中将）
歩兵大尉　東正彦（のち少将）
歩兵大尉　国司伍七（のち中将）
歩兵大尉　大竹沢治（大佐死亡）
工兵大尉　藤崎公三郎（病死）

総司令部は七月、南満州蓋平《がいへい》に置かれることになった。その建物は、廃屋になった農家であった。

ここに当時の総司令部付参謀渡辺寿夫（陸大十六期、のち大将）が記した蓋平総司令部の概構についての一文があるので、これを紹介しよう。

「これまでの総司令部は孤立した農家に設けられることが多く、それは狭くるしい陋《ろう》屋《おく》に過ぎなかった。蓋平の総司令部も、その例にもれなかった。その折、総司令官は離れた一房に住まわれたが、児玉総参謀長は六畳より少し狭いくらいな一室に、またこれと土間を隔てて福島、井口両少将と松川大佐が、同じ広さのオンドルの上に各藁布団一枚ずつを敷いて起居された。

そして、その土間の中央には机一つが置かれていて、そこで交替で仕事をされるという具合だった。部屋を美しく飾り、酒あり、美食ありの贅沢きわまりない露軍の総司令部とはまるで比較になったものではない」

その頃のロシア軍は、シベリア鉄道を経由して、陸続きの満州に、兵力をつぎつぎと増強していたので、日本軍としてはロシア軍が優勢にならぬうちに、これに大打撃を加える必要があった。

そこで、新たに、鳳凰城から前進する第一軍と蓋平から北進する第二軍の間に第四軍を編成し、これに第五（広島）、第十（姫路）師団を配属した。その折の第四軍の編成は、つぎのとおりであった。

司令官　大将　男爵　野津道貫
参謀長　少将　上原勇作
兵站監　歩兵大佐　奥山義章
第五師団　師団長　中将　上田有澤
第十師団　師団長　中将　男爵　川村景明
後備歩兵第十旅団　旅団長　歩兵大佐　門司和太郎

頼みの綱の第二軍は補給と兵力に大きな不安を感じていたが、前進に前進をつづけ、大石橋付近で地の利を得たロシア軍と大激戦を交え、一方の第四軍も堅固な陣地を構えるロシア軍と接戦し、ついに析木城《たくぼくじょう》を占領、ともにロシア軍の退却するのを追撃して、八月三日、海城《かいじょう》から牛荘《にゅうちゃん》、営口《えいこう》にわたる一帯を占領した。第一軍も分水嶺《ぶんすいれい》、摩天《まてん》嶺《れい》を越え、遼陽の東方に迫った。こうして日本軍の遼陽包囲の体制ができたのである。

第十章　苦衷の詩

1

日露両軍あげての最初の遼陽会戦では、兵力がほぼ均衡していたから、守備を固めていたロシア軍側が有利であった。

八月二十八日早暁、総攻撃の命令が発せられ、まず前面の高地線が攻撃目標となった。総司令官は頼みとする左翼第二軍（軍司令官奥保鞏大将）に命じて、一気迅速に首山堡《しゅざんぽ》付近の敵を撃破する任務をあたえたが、ロシア軍はしばしば逆襲を試み、攻撃ははなはだ困難であった。

軍神二号となって、〝海の広瀬〟に対する〝陸の橘〟となった橘周太中佐が戦死したのはこのときである。橘大隊長が戦死したのは、第二軍第三師団（師団長大島義昌、のち中将）が八月三十一日、首山堡に夜襲をかけたときであった。

私の大学時代の親友に海老原一三君という朋輩《ほうばい》がいるが、彼は名古屋幼年学校第四十八期生であった。橘中佐は、少佐時代に名古屋地方幼年学校長をしていたことから、彼は橘中佐を名幼の先輩と仰ぎ、尊敬している。酒気を帯びれば、かならず軍歌「遼陽城頭夜はたけて」と「かばねは積もりて山を築き」を吟ずるほどである。

日本軍が苦戦の末に首山堡を占領し、時をうつさず前進の勢いを駆って遼陽を目指したとき、さらに強固な防御線にぶつかった。ロシア軍は、ふたたび遼陽の南端および西端を囲繞《いにょう》せる堅固な堡塁線および高地に拠り頑強に抵抗し、ここに九月一日から三日間にわたる文字通りの死闘が展開されたのである。

極東総督アレキシエフとの意見の相違から、止むを得ずここで反撃を企図していたクロパトキン将軍は、これには耐えられなくなり、ついに退却した。この退却は、クロパトキンの作戦のミステークであったという。日本軍の遼陽占領は、九月四日のことだった。

この間の死闘について、第二軍の副官石光真清《まきよ》（士官生徒十一期）は、つぎのような記録を残している。石光真清の弟は、陸大十四期卒の真臣《まおみ》である。彼はのち中将になっている。

『南山の戦い以来、わが肉弾戦は、いたずらに勇士の生命を無駄に費やしていたわけではない。遥かに我に優るロシアの装備と巨費を投じた堡塁は、貧弱なわが軍の機械力では、四つに組んだらとうてい勝味はなかった。これだけ機械力に距離があると、机上の戦術は活用できなかった。

従来、戦術の大家として重きをなしいた東條英教（英機の父、陸大一期、のち中将）ら三少将が、戦役中にもかかわらず、いずれも左遷されたのは、このような事情があったからである。関谷連隊長、橘大隊長等の戦死の報が司令部に到着したとき、私はガンと頭を撲《なぐ》られたような目まいを感じ、両脚の力が抜けて、傍の椅子に両手をついた。

奥司令官は、この報告の途中から両眼を閉じ、膝の上に両手を組み合わせて静かに聞き入った。

「ご苦労でした」奥司令官は低い声でうなずいた。

その夜、司令官の部屋は灯火のついたまま静まり返って、誰一人呼ばれなかった。前線の空から響いてくる砲声と雨の音ばかりが昨夜よりも激しかった。この夜もまた多くの若い勇士たちが泥土を浴びて異境に息絶えるのであろう』（『望郷の歌』）

石光真清という人は志士的人物で、大尉のとき、みずから予備役に入り、のち大陸で活躍している。その後は日露戦争、シベリア出兵時を通じ諜報勤務に従事し、軍の作戦に貢献したことで知られている。自叙伝に『城下の人』など四部作の名著がある。

2

この戦闘で日本軍側は戦死五千五百、負傷者一万八千名にのぼり、ロシア軍側も死傷者一万六千名に達したといわれている。いかに遼陽の戦いがすさまじかったかがわかろう。

日本軍は連日連夜の戦闘に体力の消耗いちじるしく、人馬の損傷過大であったため、加えて、砲弾の補給がつづかなかったこともあって、退却するロシア軍を追撃する余力がなかった。遼陽の会戦は松川が企画した作戦で、一口にいって、後に松川戦略といわれるほど松川の奇略、策謀が漲《みなぎ》っていた戦であった。

大山も児玉も松川の能力を信頼し、だれよりも松川の作戦企画を全面的に支持している面があった。松川の作戦の要は、繞回運動をやって、第一軍に敵背攻撃させることにある。迅速にロシア軍の背後に迂回して攻撃体制に入ることが必勝の頭目であった。しかし、その目的を完遂させるためには、太子河を渡らねばならない。これはロシア軍よりも、難事中の難事といわねばならない。第一軍は、総司令部のこの命令にいささか疑問を感じていた。

だが、命令は絶対である。しかも事態は緊急を要する。この頃になると、戦闘部隊と総司令部の間に、現場と机上のギャップから、意思の疎通を欠く場面が多く露出していた。今日の企業でもよくあることである。ために、総司令部は、第一軍を怒らせないように何度となく決行の督促を行なった。それを如実にあらわすのが、児玉総参謀長の第一軍参謀長藤井茂太（陸大一期、のち中将）に宛てた電報である。

「第一軍が太子河右岸に出て、攻撃準備ができたら、全軍の総攻撃を開始する。いつ、どのくらいの兵力を太子河右岸に移す計画なりや。返」

これは、全軍が待ちかねているから早くやれという督促なのである。このような状態のときにはだれもが気が立っている。現場もむしゃくしゃするものである。だが、これまではどういうこともなかったのだが、その後で悪いことが起きてしまった。決行を一刻も早くさせようとする気の焦りからか、同じような問い合わせを、松川高級参謀より第一軍の松石安治参謀副長（陸大六期、のち中将）にしてしまった。

このことは、児玉が藤井よりも松川の方を信頼していることを示すことになり、第一軍参謀部の不和をかき立てる離間謀略になってしまう。私も伊藤忠時代、同じようなことをやって、事態を悪くしてしまったことがある。

欧米では第一軍の評判はすばらしく、日本軍の黒木か、黒木の日本軍か？ と言われたほどで、事実、敵将クロパトキンも黒木軍の側背進出により、日露戦争敗戦の重大原因を作ってしまっている。その智謀で知られた第一軍の参謀長藤井茂太が、どういうわけか戦後、大将にはならずじまいだった。

児玉、松川と藤井は、性格が合わなかったようである。彼は第二軍の参謀長落合豊三郎（陸大二期、のち中将）と同じく、陸軍の科学者といわれた砲兵将校だったことに原因があったのかもしれない。

3

もう一つの過失は、敵の決戦陣地の判断を誤り、敵が主抵抗陣地として堅く守っていた首山堡東西の線を、軽率に攻撃して大損害を受けたことである。この過ちは第二軍参謀長の落合豊三郎の無能のせいにされ、ために会戦後、彼はその地位を追われることとなり、戦後もついに師団長となる機会に恵まれず、悶々のうちに陸軍を去らねばならなかった。厳しい措置である。

しかし、戦後になって、あのときの落合の判断は誤りではなかったとの評価が部内に高まり、同情禁じ得なかったといわれる。

一般に開戦より遼陽開戦までの戦場では、とくに参謀間の人間関係がよくなかった。このような大兵団の運用は日本陸軍としては初めてのことだったので、戦いの場に慣れていなかったことにも原因があろう。児玉総参謀長をはじめとして、だれもがまずかったといえる。その象徴的なものが、総司令部の作戦主任参謀松川と主力軍たる第二軍参謀長落合少将両者の関係であった。

松川参謀の言い分は、「落合参謀長は消極的で、思うように進撃してくれない」であり、落合参謀長の反論は、「兵隊の人命を預かる現場の責任者としては、いかに命令とはいえ、現実の敵情を無視して無鉄砲な突進はできない。それに弾薬や糧秣なしでは戦はできない」であった。

こんな衝突は、戦争になればいたるところで起きる茶飯事のことである。民間企業でも本社と現場の間によく起こる類の摩擦である。が、しかし、この場合の、これに対する総司令部の対処の仕方がまずかった。

落合参謀長は陸大二期の卒業で、参謀適任証をもらっている俊秀である。きわめて優秀な頭脳の持ち主であることはだれもが知っている。しかも、その彼が今は主力の第二軍の参謀長なのである。総司令部は、児玉総参謀長も井口参謀も、この落合のやることには前々から不満が募っていたらしい。それならば、この際は児玉総参謀長が井口、松川らの参謀を連れて、みずからが第二軍を訪ね、徹底的に意見交換をすべきではなかったのか。

児玉と落合は、会っても顔をそらすほど仲が悪かったという。両司令部があった場所は地形的にそれほど離れていなかったのだから、できないことはなかったと思うのだが、それが出来なかった。このときの苦い経験が後日、「参謀は足で働け」という教訓を生んだといわれている。

松川、落合両参謀間の面白くない感情は、すでに五月二十六日の南山攻撃の頃から芽生えていたそうだが、これは両者の性格の相違によるものであったろう。工兵といえば陸軍の科学者であり、優秀な工兵将校である落合の科学者的良心は、不合理な妥協を許さず、不合理を精神力でカバーしようとする、松川の歩兵精神とはウマが合わなかったのだと思う。それに、この期における児玉、井口の姿勢もよろしくない。総司令部の威厳を守ろうとして、あまりにも松川を立て、彼の意見に同調しすぎたきらいがある。

先にも触れたように、落合は決して無能ではなかったが、後でわかったことは、彼が総司令部に出した数々の電報や書類には、児玉や井口、松川ら参謀の気にさわるような文章が多かったともいわれている。落合の秀れた頭脳は、総司令部のやること、なすことに合点がいかず、気にさわることが多かったのだろう。参謀面して理屈ばかりいっている連中に、我慢できなかったのかもしれない。

ここで落合豊三郎の履歴に触れる。落合は工兵科出身の人材、大将になってよい人物であった。温厚沈着で風采堂々、部内の信望を担い、反長閥の重鎮であった。大佐のときに参謀本部第四部長となり、明治三十六年五月には少将に進み、日露戦争では第二軍司令官奥保鞏の参謀長として功を立てている。その後は、戦後、新たにできた交通兵旅団長から工兵監に転じ、四十三年三月、中将になり、ここで師団長転出を期待していた。

そして同僚の藤井茂太、秋山好古、大谷喜久蔵、井口省吾らがつぎつぎに師団長になったが、彼は大正三年五月、師団長にならずに、東京湾要塞司令官に補せられた。彼はこの左遷を意味する転補に憤慨して任につかず、名目だけの在任二十日にして待命となった。長閥が彼を憎み、この運命に追い込んだのだといわれている。

4

遼陽の一戦で敗れたロシア軍は、整然と退却し、その後の補給で兵力を増強して連戦連敗の汚名を一挙にそそごうと、十月初旬、二十五万の大軍をもって奉天南方渾河《こんが》の南に前進してきた。しかし、日本軍側といえば、旅順を攻略することが緊急事であったため、重砲弾のみによる猛攻撃を繰り返した。その理由は、日本国内では野戦砲弾の生産を一時中止したため、この砲弾の供給がままならなかったのである。でも、とにもかくにも激戦数回ののち、これを沙河《さが》の右岸に駆逐することに成功した。このときの情景を、

「敵はなお敗余の兵を整えて、まだ一兵も渾河の右岸に退却せず。然れども如何せん、我は直ちにこの好餌を取るを得ざりしなり。因はただ砲弾の不足にあり、遺憾極まりなしと云うべし」

と満州軍総司令部の記録は残している。

一方、攻城戦の経験のない日本軍は、旅順要塞に対して準備きわめて不足のままで立ち向かった。軍略の大家といわれた児玉源太郎でさえ考えが甘く、旅順の背面に竹《たけ》

矢来《やらい》を作って監視しておればよいといって、竹や縄の所用量を計算させたほど無知であった。このときの戦闘規模を、児玉は戊辰の役とダブらせていたのではないか。旅順の地図といえば日清戦争のときの古いもので、その後に変化している防塁のことなど皆目わかっていなかった。

第三軍が包囲線を作ったとき、日本軍最良の望遠鏡で遠視したところ、大きな構築物は何も見えない。そこで、八月末の第一回総攻撃後、展望哨からロシア軍陣地の背面にたくさんの西洋造りの建物が見えるというので、総司令部の幕僚が行ってみると、まさしく永久築城のペトン製掩蔽要塞であった。それとは知らずに第三軍は、そこを強襲することとし、その攻撃目標を東北正面、二龍山《にりゅうざん》・東鶏冠山《ひがしけいかんざん》両砲台の間とした。ところがこれは、旅順要塞中でもっとも堅固なところであったのである。

日本軍は八月十九日から二十一日まで、有備の攻城砲、野砲の全力をあげて砲撃し、その効果を信じて二十一日、第一回の総攻撃を実施した。だが、四日つづけての死闘を繰り返したものの、一万六千の死傷者を出し、乃木司令官は、ついに攻撃を断念しなければならなかった。

もはや非合法によるほかない。敵陣近くまで坑道を掘り、敵陣前の鉄条網を切り、そのうえで坑道からいっせいに突撃するのである。いわゆる、ベトナム戦争で見られたモグラ作戦である。ロシア軍にしてみれば、突然、敵が目の前に現われるのだから驚きである。

だが、九月十九日に開始された攻撃も失敗に終わり、死傷四千八百人の損害をこうむった。こうなれば、とっときの二十八サンチ要塞砲に頼るしかない。二十八サンチ要塞砲は、予想したとおりペトン要塞に対してかなりの威力を発揮した。

日本軍期待の二十八サンチ砲は分解されて、東京湾と下関の要塞から大連港に運ばれている。大連港からは、兵隊によって敷設された軽便鉄道を使って柳樹房南方の干大山・王家甸子などに輸送され、その間はまったくの人海戦術で行なわれた。合計十八門の二十八サンチ砲の砲床工事には、記録によれば、二十万樽のセメントが使われたという。前記したように二十八サンチ砲は強烈な破壊力を発揮したが、情けないかな、旧式のため不発も多く、ロシア軍が逆に不発弾を撃ち返してくることもあったという。

このころ攻撃の重点を西方の二〇三高地に移すべしと主張する大本営と、従来の方針を固守するといって聞かない第三軍の間で、意見の対立が深刻になっていった。十月末の第二回総攻撃が失敗すると、大本営では第三軍司令部の改造まで考えるようになった。第三軍の士気は低下する一方で、厭戦気分が広がり、国民の間でも第三軍の指導部乃木以下の無能を避難する声は次第に高まっていた。

第三軍の伊地知幸介参謀長は、作戦能力のない参謀といわれていた。乃木司令官は、この伊地知のいいなりになっていた。しかもバルチック艦隊の一部は、すでに地中海に達している。大本営も気が気でない。児玉の後任として参謀次長となった長岡外史少将は、そのときの模様を日記にこう記している。

『十一月二十六日より始められたる第三回旅順総攻撃の結果も亦《また》全く前回と同一の悲惨事を繰り返して死傷三千八百余名を得たのみであった。それもそのはずで、一、二、三回と殆《ほとん》ど同一の方法で、同一の堅塁を無理押しに攻めたてたのであるから、同一の結果を来すのは誠に止む得ないことであろう。第三回の総攻撃の計画要旨を承知した時には大いに落胆し、とてもこれでは駄目だと見切り、毎晩私宅に帰り、飲めもせぬ酒を無理飲みした』

5

十一月二十六日、新鋭第七師団（旭川）の増援を得て行なわれた第三回の総攻撃は、一万に達する損害を受けてまたまた失敗した。煙台《えんだい》の総司令部にいた児玉総参謀長は、この攻撃が失敗すれば、戦局全体に重大な影響が出ることを憂慮し、旅順攻城の総指揮を乃木に代わってみずからとることを決意して、三十日、急遽、旅順に赴いた。

このとき大山司令官は、自分の着ていたチョッキを脱いで児玉にあたえ、切に自愛を望んだという。中村覚少将（のち大将）率いる白ダスキ隊三千余が夜襲を強行したのは、このときである。白ダスキ隊の壮挙は、太平洋戦争末期の戦艦「大和」の沖縄特攻に似たものであった。

白ダスキ隊三千五百余人の隊員は、メリヤスの防寒シャツの上に目印の白ダスキをかけ、午後八時五十分の月出時、松樹山第四砲台付近から要塞の分断潜入をはかったが、先頭隊の兵が地雷を踏んだためロシア軍に発覚し、照明弾下、二時間におよぶ三方面からの集中砲火を浴びて散り散りとなった。この戦いで中村少将も負傷し、ついに命令によって後退した。

ところが、その夜、二〇三高地は肉弾攻撃によってひとたび日本軍の手に帰したのである。この報を聞いて児玉は躍りあがって喜んだが、翌朝食事中、二〇三高地が奪還されたとの報を聞くと、皿を投げつけて激怒し、ただちに松川の内命を受けた田中国重参謀中佐を連れて第三軍司令部に駆けつけた。

児玉は乃木に単刀直入、一時、軍司令官の職権を自分に代行させてもらいたいと申し入れた。乃木は一瞬、考え込んでいたが、自分ではどうにもならぬと思ったのか、これを承諾した。軍の秩序、統率という点からいえば、これほど目茶苦茶な話はない。手に携えた大山総司令官からの委任状を示せば、乃木不信任ということになり、そうすれば乃木は、自責の念にかられて自決するだろう。

このことを陸軍大学校の専攻科学生に対する講義『機密日露戦史』は、「英名赫たる第三軍司令部諸官の名誉を毀損する如く見られる」と前置きしながら、乃木司令官や第三軍の参謀長などに対し、繰り返し批判的な意見を述べ、児玉のとった処置は止むを得ないものとして賛美している。

ともあれ、指揮権を得た児玉は、ただちに今までの攻撃計画を修正すると、二〇三高地に攻撃の重点を移し、居並ぶ参謀を叱咤しながら、砲の配置をかえて攻撃を再開した。

児玉が第七師団に行くと、大迫師団長は涙を流し、

「今日までの二〇三高地攻撃で、敵の砲撃に遭い、師団はほとんど全滅の状態で、満足な生存者は千余人に過ぎないが、もう一度だけ攻撃を許してもらいたい」

と頼んだ。

児玉は、上を向いたまま黙って聞いていたが、やがて参謀に「もう一度やらせてや

れ」と命じた。もう一度チャンスをあたえるというのは上司の温言である。将たる者の発言といわずして何であろう。

第七師団は十二月六日まで一週間もつづく悪戦苦闘で、戦死将校九十七人、下士卒千九百人、死傷合計六千二百人に及んだという。

こうして二〇三高地は、ようやく我が手に帰した。そこで山頂の一角に観測所を設けると、旅順港内のロシア軍艦を狙い撃ちして、その大半を撃沈させた。

それから後は、朝《あした》に一砦、夕《ゆうべ》に一城落ちることになり、三十八年元旦、司令官ステッセルはついに旅順の開城・降伏を申し出るにいたったのである。捕虜となったその数は、将官十二人以下、将校九百人、下士卒二万七千人であった。乃木司令官は、そのときの苦衷をつぎのような詩《うた》によんでいる。

皇師百万征強虜《きようりよをせいす》
野戦攻城屍作山《しかばねやまをなす》
愧《はず》我何顔看父老《なんのかんばせあつてふろうにまみえん》
凱歌今日幾人還《いくにんかかえる》

また、詩人与謝野晶子が旅順包囲軍の中にいる弟を嘆いて、つぎの「君死にたまふことなかれ」の反戦歌を詩んだのはこのときである。

一、あゝをとうとよ、君を泣く
君死にたまうことなかれ
末に生まれし君ならば
親のなさけはまさりしを
親は刃《やいば》をにぎらせて
人を殺せとおしえしや
人を殺して死ねよとて
二十四までをそだてしや

二、堺の街のあきびとの
旧家をほこるあるじにて
親の名を継ぐ君なれば
君死にたまうことなかれ
旅順の城はほろぶとも

君知るべきやあきびとの
家のおきてに無かりけり

三、君死にたまうことなかれ
すめらみことは戦いに
おほみづからは出でまさね
かたみに人の血を流し
獣の道に死ねよとは
死ぬるを人のほまれとは
大みこゝろの深ければ
もとよりいかで思されむ

四、あゝをとうとよ戦いに
君死にたまうことなかれ
すぎにし秋を父ぎみに
おくれたまえる母ぎみは
なげきの中にいたましく
わが子を召《め》され家を守り

安しと聞ける大御代も
母のしら髪はまさりぬる

五、

暖簾《のれん》のかげに伏して泣く
あえかにわかき新妻を
君わするるや思えるや
十月《とつき》も添はでわかれたる
少女ごころを思いみよ
この世ひとりの君ならで
あゝまた誰をたのむべき
君死にたまうことなかれ

6

そのころ総司令部では第三軍の解体論議がしきりであった。旅順攻略に手間取る第三軍司令部に対する批判は、参謀本部、総司令部、指揮下の部隊内と、高まる一方であった。そこで、総参謀長児玉源太郎大将は、止むを得ずの措置として前年末、東京に出張させていた参謀井口省吾少将を通じて、つぎの構想を参謀本部に伝えさせた。

児玉は、自分のところには松川さえいれば事足りると思っていたので、井口を東京に出張させていた。その頃、消極的で引っ込み思案の井口は、積極果敢を好む児玉のお気に入りではなかったという。

「第三軍司令部は、旅順陥落後、本国に帰還せしめ、いったん復員解散させて、北方のためには新たに一司令部を起こすを可とす」

児玉は、今やその時期が到来したと判断し、参謀田中義一中佐に、第三軍司令部解散の意見電の起草を命じた。中佐は起案すると、大将に提出して署名を求めた。

大将が署名しようとすると、横にいた作戦主任参謀松川敏胤大佐が、児玉の傍に歩み寄り、

「閣下、その署名は待って下さい」

と声をかけた。

「第三軍司令部を復員させることは、旅順攻撃失敗の責任をとらせるのですから止むを得ませんが、しかし、敵が降伏を申し入れ、陥落が明らかになったいま、そのときに解体させるというのは、失敗だけを認めて功績は認めないということになります。これでは後世に禍根を残します」

と力説した。

児玉は、「そうかァ……うむ」といって黙していたが、やおら松川に顔を向けると、

「もっともな意見だ。それならば本問題をもう少し研究してみろ」

と松川に命じた。児玉は、お気に入りの松川の意見にはよく耳をかした。この場合、他の者なら大喝一声、一蹴されてしまうところである。

松川はすぐに佐官クラスの参謀を集めて協議をはじめた。参謀たちの総意も、「とにかく第三軍は旅順攻略という手柄を立てたのだから、解体という形で過去の責任を追求するのは過酷すぎるのではないか」と、松川と同意見であった。

第三軍は敵を屈伏させたとはいえ、ロシア軍の六倍もの大損害をこうむっている。また、その作戦指導の拙さの責任はまぬがれない。しかし、第三軍の軍司令部解体という「過激なる措置」をとれば、損害が大きかっただけに、司令部員の自責の念を強めさせるだけではなく、将兵の司令部不信の想いを募らせ士気を低下させる可能性がある。そこで、責任追求は、批判が集中している参謀長伊地知幸介少将と一部の幕僚の更迭に止めるべきだ、という決議になった。

総参謀長児玉大将もこれに同意し、その趣旨にそった措置をとるべきだとの電報を東京に打電させた。何がなんでも、事を荒立てたくないとする玉虫色の解決策であっ

た。これは責任を持つ指揮官の責任を、責任が問われぬ立場の幕僚に押しつける処置であり、組織の秩序を乱す解決策だといえる。

この例は民間企業でもよくある。代表権を持つ社長が下の役員や社員を犠牲にしてしゃあしゃあしている。これでは組織ではない。すべての責任を背負って立つのが指揮官であり、社長である。〝わが身だけは安全の立場に置く〟では、部下は馬鹿馬鹿しくて働けない。

だが、当時はそれが「武士の情け」と理解され、児玉の責任とはいわれていない。

のちに陸軍大学校教官谷寿夫大佐（陸大二十四期、のち中将、戦後南京で刑死）も、その講義録『機密日露戦史』に、つぎのような感想を述べている。

「もしこのことなかりせば、乃木大将の切腹はこの時、実現せられたるやも計られず」

7

このように乃木にとって、旅順攻撃は死にまさる苦悩を味わった戦場であった。彼は天皇の赤子六万を殺して得た勝利を、熱湯を飲む気持ちで受けたであろう。であるがゆえに、彼は凱旋しても、官民の歓迎を一切謝絶して、部下の戦死将兵の父老の前に頭を下げている。

「何のかんばせあってか父老にまみえん」と詩をふしたことでもわかる。彼の良心は、日本軍人の典型でありたいとの願いがあったのである。

今日のアンチ乃木観の一つは、陸軍大学校教官谷寿夫の『機密日露戦史』によるところが大きい。この本で具体的に指摘されている旅順要塞戦における戦術的マイナス点が、乃木批判の論拠になっているような気がする。しかし、近代戦、とくに要塞戦に対しては当時の陸軍はきわめて幼稚であったのだから、乃木の責任ばかりをあげつらうのは一方的といえるのではないか。

二〇三高地で強襲攻撃を繰り返し、多大の人命を失って「愚将」呼ばわりされた乃木こそ気の毒である。

乃木が後日拝命した学習院長就任は、明治天皇の深い思召によるが、このことは皇族、華族の子弟を、乃木の精神によって教育させようとされたものであろう。この就任のとき天皇は、彼にこういう歌をおくられた。

いさをする人を教への親として

おほし立てなん大和撫子

明治天皇の乃木に対する知遇のほどを知るべきである。されば彼は、一意専心、万事躬行実践をもって生徒にのぞんだ。彼は教育学を学ばず、教授法も知らなかったであろうが、教育的訓練の熟成と率先的感化の深甚とは、世のいわゆる教育家の比肩すべからざるものがあった。教育は術ではなく、太陽のような心である。日のさすところでなければ草木は育たないのである。彼の教えを受けた当時の生徒は、今日でも乃木を偲んで尊敬の念をあつくしている。

谷は智能に満ち、人情に厚い勇将であった。日露戦史の研究は斯界の第一人者であり、遺著『機密日露戦史』は、きわめて有益な書である。この機会にこの著に接した私もその内容の緻密さには驚きであった。

彼は実戦にも強く、北支事変が拡大すると、精鋭第六師団を率いて華北に出征、優勢な敵を太行山脈に抑止し、あるいは保定の敵を撃破した。ついで南に転じて杭州湾に上陸して敵軍の背後をつき、これを追撃して南京城を占領した。

戦後、南京事件に関し、戦犯として死刑に処せられている。気の毒な人であった。

明治天皇崩御。その御大葬の日、乃木は夫人静子と前後して自刃した。享年六十四歳、西南戦争の軍旗喪失の責任を死をもって果たしたのである。明治四十五年九月十八日、二人の遺体は青山斎場で神葬式によって執り行なわれた。この日、松川は葬儀に参列し、黒い布にまとわれた大将の霊柩、黒塗りの馬車に載せられた夫人の霊柩に、深く頭を垂れたのだった。

乃木大将殉死については、これまでいろいろな高著に書かれているが、大将と静子夫人とは死を共にせられたのではないということをこの際、申し述べておきたい。

夫人は大将が切腹せられて、息を引き取られたのを見届けたうえで、そのあとを追われているのである。何と気丈なことであろうか。常人ではなかなかに出来ることではない。もちろん、これは夫人の一存から出たことで、それを大将に計ったりしたのではない。大将は自分だけが死んで、夫人はあとに残されるつもりだったのである。検屍のとき、大将の遺体はまったく冷え切っていたが、夫人のは、まだほとぼりが残っていたといわれる。

静子夫人の自害を思うとき、私はいつも会津戊辰の役で恭順派平和主義者であった会津藩の家老西郷頼母の一族二十一人の自決とダブらせてしまう。

頼母の妻千重子は幼い三女田鶴子、四女常盤子、五女季子を、

「会津の女は未練を残さぬものです。いさぎよくするものです」

と覚悟させて、つぎつぎとみずから短刀で娘の胸を刺し、最後は自決している。静子夫人が大将の死を見届けてから自害するのと同じく、わが子の死を見届けてから自分が死ぬ。口ではいえても何とすごいことではないか。ここに日本女性の強い性《さが》を見出さずにはおれないのである。

改めて、後記するが、出師営の会見は明治三十八年一月一日、ロシア軍の軍使が出師営南方に来て、守将ステッセルの手簡を手渡し、開城を約したことからはじまる。その日、乃木はステッセルと出師営で会見した。そのときステッセルは、会見に臨むに当たって、敵将に帯剣を許した乃木の武士道に感じ入り、アラブの名馬一頭と夫人フェーラが愛用していたというピアノを贈った。このピアノは、ステッセル夫人が戦線の将兵をなぐさめるのに弾《ひ》いていたものだという。

乃木は軍の規則に則《のっと》って、馬は東京の自宅へ、ピアノは第九師団の大島久直中将（のち大将）に托して金沢に贈った。その後このピアノは、金沢市を転々としていったんは陸軍偕行社に置かれたが、現在は金沢女子大学の物置同然の場所に、朽ち果てて寂しく眠っているそうである。このことは五木寛之著『ステッセルのピアノ』に詳しく記されている。

第十一章　眠れぬ夜

1

北方の戦局は、厳寒の到来とともに凍りつき、両軍は沙河をはさんで対峙したままであった。

ところが、明治三十八年一月下旬、日本軍がいる左翼黒溝台方面に有力なロシア軍が攻撃してきた。その結果、黒溝台は一時、ロシア軍の手に落ち、日本軍は左から包囲されて壊滅の危険にさらされた。だが、遮二無二の逆襲を敢行して黒溝台を奪還した日本軍は、やっとのことでロシア軍を撃退することができた。しかし、この一戦で日本軍の死傷は九千余という大きな損害を受けた。

その後、兵員を整備して北上してきた第三軍を加えて戦力を増強した日本軍は、三月一日、奉天をめざして総攻撃を開始した。ところが、堅固な陣地を構築していたロシア軍はいたるところで優勢を占め、一週間にわたる激戦は一進一退、防備の比較的手薄なロシア軍の右翼を包囲していた第三軍も、強力な反撃を受けて予期した前進ができないでいた。

けれど、ロシア軍の損害も大きく、日本軍から右翼を包囲される危険が迫ったので、七日夜から早々と退却をはじめた。と同時に、ロシア軍はこの退却に包囲体制をとろうとする第三、第二軍に対して猛烈な反撃を加えてきた。

三月九日、第二、第三軍ともに終日、強大なるロシア軍の猛攻を受け、とりわけ第一師団の左翼にあってロシア軍の退路に肉薄していた後備歩兵第一旅団（東京）は、その左側背よりクロパトキン総予備軍の逆襲に遭遇し、全滅潰乱するにいたった。まさに日本軍の敗北の危機ここに迫るの感があった。

そのとき、総司令部の松川参謀は第三軍の白井二郎参謀（陸大九期、のち中将）を電話口に呼び、「長蛇を逸すべからず」と激励したところ、それに対して「長蛇が逸するのを待ちつつあり」というやけっぱちの返事が返ってきた。

これには松川も驚いた。白井参謀は、長蛇を逸してなるものかと必死に頑張っていたのだが、そんなときにこの電話である。ついつい〝売り言葉〟に〝買い言葉〟となったのである。

奉天会戦は、約二十五万の日本軍が約三十二万を擁するロシア軍を、奉天付近で包囲攻撃し、約十二万の損害をあたえて完勝、日露陸戦の勝敗を決した会戦であった。

奉天の会戦を前に、各軍の軍司令官を煙台の総司令部に集めた大山巌は、児玉、松川を随《したが》えて、各軍司令官にこのような檄をとばした。

「目前の会戦において、われわれは日本帝国軍の全力を挙げ、かたやロシア軍は満州に用いられる最大兵力をひっ提《さ》げ、お互いに勝敗を決せんとしている。これは重要中の重要な会戦で、この会戦で勝ちを制したものが、この戦役の主人公になろうし、これが日露戦争中の関ヶ原といってもいいであろう。だからわれわれは、この会戦の結果が全戦役の決勝となるようにつとめなければならない」

このように、大山は奉天会戦が天下分け目であることを力説し、必勝の命令を下したのである。それほど奉天の会戦は、日露の戦いで重要な意味をもっていた。国運を賭しての戦であった。

さて、日本軍は旅順開城による第三軍の北進、新編成の鴨緑江軍（軍司令官川村景明大将）の戦列参加の好機を捉えて解氷期に先立ち、全力を挙げて奉天付近のロシア軍を攻撃することを決め、二月二十日、攻撃命令を下した。

二月二十三日、東翼の鴨緑江軍は他に先立ち、活発な攻撃を開始して、ロシア軍の東翼を脅かし、その総予備隊を東方に牽制した。満を持してわが西翼後方に待機していた第三軍もこれに呼応して二十七日、いっせいに前進を開始し、ロシア軍の外側を繞回進撃して、三月七日には奉天西北に進出、まさにロシア軍の退路を遮断しようとした。

クロパトキン総司令官は、三月七日、敗戦を自認すると総退却を決心し、みずから手兵を率いてわが第三軍の進撃を拒止し、かろうじて軍の大半を四平街付近に脱出させた。

ロシア軍が、わが第三軍の繞回運動に気づいたのは、二月二十八日ごろだが、そのときには、わが鴨緑江軍と第一軍の猛攻を拒止するため、予備隊のすべてを東に向けていたので、手の施しようがなかったのである。

奉天会戦は、敵将クロパトキンの心理を読んだ松川の作戦勝ちのいくさであった。松川の方が頭脳においてクロパトキンより優っていたのである。日本軍の奉天入城の翌日、三月二十六日、クロパトキンは敗北の責任を負わされ総司令官を辞任、第一軍司令官リネウイッチがそれに代わった。

松川の後日談によると、奉天戦のときが一番力が入ったといっている。身命を賭してこの戦に男をかけた松川の底意地がうかがえる。

2

三月十三日、ウイッテは皇帝に対して和平を進言したため、これを知るや日本軍は、「戦争はこれまで、ロシア軍には戦う気力なし」と判断し、三月二十八日朝、児玉総参謀長は新橋駅のホームに降り立った。

奉天会戦は、史上まれなる見事な包囲作戦で、わが二十五万の兵で三十二万の敵を完全に包み込んでしまったのである。これ孫子の「奇」のあらわれで、松川のもっとも得意とする作戦であった。しかもこの場合、わが兵は連戦また連戦で疲れ切っており、敵は新鋭である。このときの日本軍の成否は、作戦主任松川参謀の気力一つにかかっていた。

松川も連日、不眠不休、疲労困憊の極で、立っているのも億劫なくらいであった。当然、松川参謀を中心とする総司令部は、心を鬼にして全軍を叱咤激励し、とくに松川は悪名を一人で引き受けて各軍を駆り立てた。同僚の話によると、このときの松川はまさに鬼神のようで、傍に近寄るのも恐かったという。

各兵団も、事の重大さを百も承知していたので、これに応えて労兵を叱咤し、死にもの狂いの敵の反撃を物ともせず、「前へ、前へ」と猛進を繰り返したのである。しかし、現実は厳しく、なかなか紙上で考えるようには事は運ばなかった。当時の戦場の人間関係を言葉であらわせば、つぎのとおりである。

○総司令部――何をぐずぐずしている！　今一息だ。頑張れ！　やれといったらやれ！

○各兵団――うるさい！　必死でやってるんだ。不足ならお前がやったらいいではないか。

どこの企業にもある切迫した非常時の光景である。これによっていろいろな現象が起こるのは当然である。その二、三の例を挙げてみると、

○第三軍乃木大将は、三月二日、総司令部との電線をみずから切断して連絡を絶つと、猛進したという。前日来、「第三軍の前進が遅い」とたびたび督励されていたので、堪忍袋の緒が切れたらしい。乃木大将は、いつも従容として滅多に腹を立てる人ではなかったが、記録によると、このときは本当に怒ったらしい。

○包囲作戦を成功させるには、包囲部隊をロシア軍の側面深く突進させねばならない。当然、総司令部は各軍を督励することになるが、何分にもお互いに気が立っているから、下手をすれば逆効果になってしまう。そこで三月五日、困り抜いた総司令部の田中義一参謀（のちの首相）は奇策を考えた。それは嘘をつくことで、彼はこんな情報を流した。

◇第一、第四軍に対する電話——第三軍はすでに奉天北方に進出し、敵の背後を完全に遮断している。

◇第三軍に対する電話——第一、第四軍はすでに渾河の線に進出した。

〝嘘も方便〟である。戦に勝つためにはいつも〝正直者は馬鹿を見る〟では愚である。先行き起こるであろう事態、変化を予測して部下を勇気づけ、励まし、そのためには味方をも化かす「奇」が必要なのである。企業とて同じ。上司がいつも嘘ばかりついていては効果はないが、ここ一番では効き目がある。孫子の兵法にも〝味方を欺く〟の理が説かれている。「奇」の発想こそ、陽動作戦の基本であり、これなくしては万軍を率いる将たる器とはいえない。

松川参謀は手記に、「奉天会戦の成果は偉大であった。捕獲したるもの、捕虜三万五千、軍旗三本、大砲五十門に達しているが、これは一に戦線に立った将卒の砲煙雨下に奮戦した賜で、総司令部幕僚は連日三度の温食を口にし、砲弾火に浴していない。『一功将成りて万骨枯る』の言もある。われわれ総司令部幕僚は、幸いにして凱旋できるようなことがあっても、決して功名顔をしてはならない」と記録している。このときの松川は、自分を戒めたのかもしれない。

3

ここで黒溝台の会戦について、私事を付言後記したい。

第八師団（師団長立見《たつみ》尚文《なおぶみ》中将、のち大将）麾下の第五連隊にあって、第二大隊長として黒溝台会戦に勇戦奮闘した塚本芳郎少佐（戦死後、中佐）は、この戦で不幸にも戦死したが、塚本少佐は私の友人塚本芳和氏（名古屋幼年学校四十八期、現電通常務）の祖父である。塚本少佐が属していた第八師団は、別称弘前第八師団といわれ、強健勇武なる東北人によって編成された師団であった。

話は極寒の明治三十八年一月下旬にもどるが、黒溝台に配備されていた日本軍に有力な左翼防備線、沈旦堡、李大人屯、唖叭《あば》台には騎兵旅団長秋山好古少将率いる秋山支隊が守備していた。秋山支隊は、元の秋山旅団に他の七個連隊から騎兵、それに多少の歩兵、工兵、砲兵を引き抜いて編成した騎兵団であった。

コザック騎兵のドン・ミシチェンコ少将は、狐のように抜け目なく、日本軍の防備の弱い左翼に目をつけていた。ここが日本軍の泣き所と見抜いていたのである。コザック騎兵はモンゴルに学び、モンゴルの草原を戦場に見立て、実戦さながらに調教を重ねた中央アジア、ヨーロッパでは敵なしの勇猛騎馬集団であった。

実をいうと、秋山好古はもともと営内で冷や飯をくわされていた。当時の大本営は、戦争には砲兵、歩兵、軍艦が主力であって、馬など用は足さぬと軽視していた。これは児玉大将の甘い観測でもあった。

一月二十四日、そのミシチェンコ少将が二個大隊をこえる騎兵を率い、猛吹雪をついて急襲してきた。これには勇猛なグリッペンベルグ大将が、背後から総指揮をとっていた。

二十五日、万策尽きた秋山支対は壊滅に瀕してしまった。ここが破れると、潰走の慣性が全日本軍に伝播する恐れがある。そこへ渡りに舟とばかりに、内地から立見尚文中将が指揮する弘前第八師団が到着した。大山巌は挨拶に来た立見に、ただちに救援に向かうよう下命した。

休むいとまもなく東北健児たちは、八甲田山踏破をしのぐ強行軍の末、二十六日、黒溝台近くにいる秋山支隊の左翼に辿り着いた。それから三日三夜、ぶっ通しの彼我の死闘が展開する。ロシア軍は日本軍の七倍、それも精鋭ぞろいである。

それでも両軍の兵士は血を流し、戦友の屍を踏んで悪鬼のように死闘した。凄惨な様相は、旅順攻防戦と甲乙つけがたいものであった。だが、立見師団は最後まで連隊旗も焼かず、ついに黒溝台を占領した。

黒溝台の戦いは、まさに陸の日本海会戦といえる筆舌し難い激闘であった。ここで一敗地にまみれたなら、つづく奉天大会戦も日本海海戦も、存在しなかったであろうといわれている。秋山好古が松川に、黒溝台の戦いは、日本の負け戦だったといったのは、けだしこのことに由来している。

4

ここで、立見尚文の略歴を紹介しよう。

立見尚文は伊勢桑名藩の出身で、戊辰戦争には幕軍に属して官軍に抵抗している。越後長岡では、官軍の山県狂介の陣営を急襲して山県の心胆を寒からしめたことがあって、山県は終生、立見に頭が上がらなかったといわれている。維新後は軍人にならず判事になり、一級判事補として高知県裁判所長代理をしていたが、西南戦争が始まるや一躍、陸軍少佐に任ぜられ、新選旅団の大隊長および旅団の参謀副長として参戦した。

爾後、累進して、日清戦争には、少将をもって松山の歩兵第十旅団長として出征し、平壌の攻撃には、朔寧支隊を指揮して勇名を馳せた。明治三十一年十月、中将に進んで第八師団長に補せられ、日露戦争に、この六年間、薫陶した師団を率いて出征、先に記した黒溝台会戦や、奉天会戦で偉功を立てた。

師団は剛健勇敢をもって鳴る東北の健児であったが、累卵の危うきを見せた黒溝台方面をよく維持しえたのは、この勇武の将兵があったからこそだが、やはりこれは名将たる立見の勇と知とに帰さなくてはなるまい。彼は正規の兵学を修めなかったが、その用兵の術は卓越したものであったという。

彼の全精力はこの戦闘で傾尽したのか、それ以後は健康にすぐれず、明治三十九年五月に大将になったものの、翌年三月、ついに没した。享年六十三、惜しい将軍であった。もしも健康であったならば、元帥授与の適格者であったろう。人格にもすぐれ、第八師団の存在したころまでは、管下の人々は、彼を軍神のように敬慕していたそうである。

ここで黒溝台の会戦で、松川と〝売り言葉〟に〝買い言葉〟の押し問答を演じた第三軍の白井二郎参謀の人となりについて語ろう。

白井二郎は、中将、第八師団長をもって陸軍の生活を終わったけれども、その識見、手腕、力量ともに優れていて、部下の多くは彼に悦服していたといわれている。しかし、長藩の出身ながら、その本流に入れられなかったためか不遇で終わった。大将になってもよい人物であったろう。士官生徒第九期の歩兵科で、福田雅太郎、町田経宇、田中弘太郎の同期生であった。陸軍大学校は九期の恩賜である。当然、松川から兵学を教えられたはずである。その後の彼は、朝鮮総督府武官、第八師団長に転補されている。

田舎回りばかりしていて、中央の要職には一度もつかなかったけれども、大将にしてなお用うべき器材であった。第八師団長としての彼は、部下から大きな信頼を得ていて、立見尚文以後、名師団長といわれていた。彼以後は彼に匹敵するような師団長はあらわれなかったそうである。

立見、白井師団長より遅れて第八師団長になった人に三好一《はじめ》（中将、陸大十九期）という人物がいる。後書によると、この人も立見尚文、白井二郎に劣らずの名師団長であったといわれている。どうもこの時代の陸軍は、第八師団長となる人を系譜的に出来物を選んだフシガある。

記録によれば三好中将も、「慷慨にして気節あり」、つまり義を重じ情に厚い気骨の士であったと教えている。何でここで三好中将に触れるかというと、中将の娘さん、娘さんといっても私より年長だが、白井京子さんと私は、長年よき理解者として鎌倉市で市民運動に尽くしている。

白井さんは温和で人柄がよく、鎌倉市の婦人会の代表的存在で、鎌倉を住みよき町にしようと八面六臂の活躍をしておられる。聡明にして控え目、そして聞き上手。すべてを学びたくなるような大和なでしこである。この人と接していると、父君の三好中将の在りし日が彷彿として浮かんでくるようでもある。

5

こえて三月十日、日本軍はようやくにしてロシア軍の牙城、奉天を占領した。それからの日本は、今次の敗戦まで、この日を「陸軍記念日」として祝ったのである。

だが、その真実の姿について『機密日露戦史』は、このように現実と違う点を厳しく記述している。

「総司令部は昨日来の不快一掃せられ、第一、第四軍は東方より、第二軍は西方より奉天を包囲攻撃し、とりわけ近衛師団は敵の退路を拒止し、遂に有力なる敵兵団を生け擒《ど》りするを得たりとは表面的常套文句なるも、当日、各軍の行動を仔細に調査せば、次の如きを見る。

1鴨緑江軍および第一軍主力は渾河右岸に近く停止して、遠く北方に去れる敵軍を追うことなし。

2第四、第二軍は奉天の周囲に集中し、その一部は城内に入りて、わずかに敗残の敵一旅団内外を潰滅降伏せしめしのみ。

3第三軍は優勢なる敵兵の逆襲を受け、ただに攻撃発展を見ざるのみならず、現位置を占領して待機の姿勢を執らしめたるまま、何ら命令するところなし。

以上の状況に対し、総司令部はすでに光輝ある戦勝を博せるものと楽観し、自然に放任せるは、吾人が口をきわめてこれを非難せざるを得ざる点なり」

日本軍としては当面の敵軍に勝つことが精一杯で、決定的な打撃をあたえるだけの余力を持ち合わせていなかったのである。

この戦闘について、満州軍作戦主任参謀であった松川大佐は、その『機密作戦日記』にわざわざ朱筆で罵っている。よほど悔やしかったのだろう。

1各軍中第二軍のみは戦闘らしき作戦指導を行ないしも、他軍は軍の体裁をなさず。とりわけ第三、第四軍は命令行なわれず。

2後備旅団はことごとく用をなさず。

3一般に軍隊の運動は、過去の諸会戦に比し足重を感じたるは、補充兵多きに原因するならん。

松川は、このように作戦どおりに行動せず、満足な完遂ができないでいた日本各軍の非力さに切歯扼腕している。この状況から、連戦また連戦で日本軍将兵の疲れきったようすがうかがえる。

この戦闘に参加した日本軍の兵力は総数二十五万名、ロシア軍は三十二万名で、両軍ともに十万名をこえる死傷者を出した。ロシア軍の敗北は明らかではあったが、日本軍の損害も甚大で、このままだと決定的な勝敗はなお未知数であった。それ以後、日本軍の一部は退却するロシア軍を追って、十六日、鉄嶺《てつれい》を占領し、さらに開原《かいげん》の線まで前進している。

松川参謀の手記によると、明治三十七年八月の遼陽会戦から翌三十八年三月の奉天会戦までの間、松川は熟睡したことはなく、毎晩がまどろむ程度だったらしい。また、夜になれば明日の作戦が待っており、その作業のため徹夜することもしばしばであったそうだ。それに、総司令部での松川の寝所は、いつも児玉と隣り合わせていたこともあって、神経過敏になっている二人は、何日も眠れぬ夜を過ごしたという。

戦後、児玉もこのことをつくづくと述懐して、「わしは松川のそばではよく寝られなかった」という言葉を残している。お互いにそうだったのだろう。知恵比べの戦にあって、いかに敵に優る知恵を出すか、松川も児玉も、毎夜、不眠不休で脳漿《のうしょう》を絞ったに違いない。

今日の企業とて同じことがいえる。企業戦略とは、知恵の発想くらべを意味する。他企業と知恵くらべして、それに勝つ。そうでなければ、その企業は生き残ることも発展することもできないのである。

三月二十五日、日本軍は堂々と奉天入城式を行なった。城外で予行演習を終えた日本軍は、改めて、午後二時半、南門から入城した。騎兵の捧ぐる「一日四星」の司令旗の下、大山総司令官、児玉総参謀長、諸々の将星は粛々と馬を進めた。松川敏胤も、大山巌の後に随《したが》った。この時、松川は人生に二度とないであろう感激に浸っていた。作戦主任参謀として任務を終えたことに愉悦を感じていた。

かねて設けてあった奉天将軍増祺《ぞうき》の衛門に到着すると、その門には、
五天の雨露《うろ》　鴻業《こうぎょう》に酬《むく》い

百萬の比貅《ひきゆう》鳳城《ほうじよう》を衛《まも》る

と大書してあった。

これを観察していた多くの中国人は、東洋の地で、はじめて東洋人が白色人種を完膚なきまでに叩きのめしたことに歓喜していた。

6

ロシア太平洋艦隊が旅順港に封鎖されて、黄海の制海権が日本の手中にあった明治三十七年十月、ロシアは強力なバルチック艦隊を第二艦隊として日本に送り、制海権を奪還して、日本軍に重大な打撃をあたえようと計画していた。名提督とうたわれたロジェストウェンスキーを司令長官とするバルチック艦隊は、十月中旬、リバウ軍港を出て、一万八千海里の海路に旅立った。

ところが、旅順が陥落して太平洋艦隊が潰滅したので、ロシアは戦力を増強する必要に迫られ、明治三十八年二月、新たにネボカトフを司令官とする第三艦隊をも派遣することとなった。そのためかなり手間取り、これら両艦隊が仏印（ベトナム）カムラン湾で落ち合って、炭水を補給したうえで北上を開始したのは、五月中旬のことであった。

バルチック艦隊がどこを通ってウラジオに向かうか、それは、これを迎撃しようとするわが連合艦隊にとって決定的に重大な問題であったが、海上のことであるから予測すべくもない。東郷連合艦隊司令長官は対馬海峡説をとって、艦隊をここに結集させていた。だが、それには確証があるわけではない。参謀たちは不安でならなかった。

ところが、二十五日、上海にバルチック艦隊所属の燃料運送船が入り、石炭を求めようとしたが、成功しなかったというニュースが入ってきた。これで対馬海峡説がかなり確実なものとなったわけである。燃料不足に悩むロシア艦隊が太平洋を迂回し、津軽海峡に出てくることは、かなり困難があると考えられたからである。

二十七日午前三時半、哨艦信濃丸は、蜒々と連なる大艦隊の姿を、未明の海上はるかに望見して、ただちに打電した。

「敵艦見ゆ、敵は東水道に向かうもののごとし」

鎮海湾にあった連合艦隊は、ただちに出動し、大本営に第一報を送った。

「敵艦見ゆとの警報に接し、連合艦隊はただちに出動、これを撃滅せんとす。本日天気晴朗なれども波高し」

天気晴朗は敵艦を捕捉しやすいことを、波が高いのは長途の航海をしてきた敵艦隊に対し、連合艦隊が有利であることを報じたものである。何と敵情を先見した、緻密で格調高い電文であろうか。

その後の状況は、連合艦隊の詳報によると、つぎのとおりである。

「午前七時、内方警戒線の左翼哨艦たりし和泉《いずみ》もまた敵艦隊を発見し、東北に航進するを報じ、巡洋艦隊、東郷正路《まさみち》（のち中将）戦隊、続いて出羽《でわ》重遠（のち大将）戦隊も壱岐《いき》、対馬の間において敵と触接し、爾後沖ノ島付近にいたるまで、これらの諸隊はときどき敵の砲撃を受けしも、終始よくこれと触接し、詳《つまび》らかに時々刻々の敵情を電報せしかば、この日海上濛気《もうき》深く、展望五海里以外に及ばざりしも、数十海里を隔つる敵影あたかも眼前に映ずるがごとく、いまだ敵を見ざる前に、敵の戦列部隊はその第二、第三艦隊が二列縦陣にして全力を挙げて、東北に航進せること等を知り、我が主力は午前二時頃、沖ノ島付近にこの敵を捉え、まずその先頭より撃破せんとする心算を立つるを得たり。

主力隊以下各隊は正午ごろ、すでに沖ノ島北方約十海里に達し、敵の左側に出でんためさらに西方に進路をとりしが、午前一時四十五分に至り、南方数海里に初めて敵影を発見せり。

ここにおいて全軍に戦闘開始を令し、同五十五分、視界内にある我が全艦隊に対し、

『皇国の興廃この一戦にあり、各員一層奮励努力せよ』との信号を掲揚せり。しかして主戦艦隊は、少時南西に向首し、敵と反航通過すると見せしが、午後二時五分、急に東に折れ、その正面を変じて斜めに先頭を圧迫し、装甲巡洋艦も続行してその後に連なり、出羽戦隊、瓜生戦隊、巡洋艦隊および東郷戦隊は予定戦策に準じ、いずれも南下して敵の後尾をつけり」

この一戦は、日本艦隊の大勝利に終わった。三十八隻の敵艦隊中、撃沈二十隻、捕獲五隻、逃走に成功したのはわずか二隻のみで、ロジェストウェンスキーは負傷して捕虜となり、ネボカトフは降伏した。これに対し、連合艦隊が失ったものは水雷艇三隻のみであった。これによって、ロシアが誇る艦隊は、事実上、ほぼ潰滅したのである。

ここでロシア軍のクロパトキンとステッセル両将軍のその後の行方について語ろう。クロパトキンは日露の戦いで敗れると、第一次大戦にはふたたび北部戦線軍司令官となって戦った。そして、一九一六年のトルキスタン暴動には、軍政長官として苛酷な鎮圧を行なっている。だが、ロシア革命後は官職を追われ、故郷の村の小学校教師として一生を終わったという。

一方のステッセルは、日露の旅順攻防戦で敗れると、帰国後はその責任を問われ、軍法会議にかけられて死刑の宣告を受けている。しかし、その後は十年の禁固に減刑され、釈放されると、浪々のうちに一生を終わった。両将軍とも何と儚《はかな》い生涯であったろうか。

ちなみに、日露戦争の戦費総額は約二十億円であったという。

第十二章　忍従の時

1

奉天会戦に勝利し、威武堂々たる入城式がすむと、三月二十八日、児玉満州軍総参謀長は田中義一参謀と東参謀の二人を随えて隠密裡に日本に凱旋した。

児玉が帰国した理由は、彼の脳裏の中に速やかに講和の手筈をととのえておく必要があると思ったからである。いうにおよばず彼の政治的先見がひらめいたのである。

大本営で開かれた会議には、参謀総長山縣有朋、首相桂太郎、外相小村寿太郎、海相山本権兵衛、陸相寺内正毅、蔵相曾根荒助等々、戦争主導者たちが出席した。

会議に先立ち、児玉は椅子から立つと満座を見回しながら、声高の口調でしゃべった。

「まだ戦争は完全に終結したわけではない。ロシア軍を完全に粉砕するためにはまだいっ時の時間がかかる。だが、この際、戦争に勝利するものとして、今のうちに政戦略の緊密な連絡方法を決めておかねばならない」

さらに四月二十一日には、重ねての会議を開くと、つぎのような講和条約の大要を決議した。それによると、

一、満州からあくまでロシア軍を撤退させること。

一、遼東半島租借権と東清鉄道（満鉄）を日本の手中に収めること。

一、軍費を賠償させること。

一、樺太島とその付近の島嶼を割譲させること。

一、沿海州沿岸の漁業権を確保すること。

等々であった。

この講和条約は、後の和平条約の根幹となるもので、後日のポーツマス会議において、小村寿太郎全権が死力を尽くして頑張り通した条件も、これをもとにしたものである。

しかし、当時のロシアは奉天戦で大敗しながらも、戦機一転を図るべく、なおも精兵を北満に集中していて、最後の決戦を狙っていたし、さらにバルチック艦隊は、日本との決戦海域を求めてリバウ軍港を出立、東航の途上にあった。こういうわけで、戦局の終わりはなかなかに予想しがたい状態にあった。

そのため上記の講和条約を決定しながらも、閣議決定文書にはその末尾に、「もっとも我邦においては連戦連勝の功を奏したるも、いまだ露国の死命を制すること能はざるがゆえに、右等の要求すら、これを容れしむるがためには異常の困難あるを予期せざるべからず」と付記し、前途を楽観するには、時期尚早であると警告している。

そのため、当時の大本営はつぎの作戦を樹立し、最後的な交戦の継続も止むなしとしていた。「来るなら来い」の構えをもっていたのである。

後書によると、この作戦企画は秘かに大山、児玉の命を受けた松川満州軍高級参謀が練りあげたものだといわれている。

一、満州軍は従前の任務を継続して、ハルピンに向かい前進する。

一、韓国防衛の目的の下に、新たに一、二師団を図門《ともん》江付近に派遣する。

一、なるべく速やかに樺太島を占領するを要す。なお、状況が許すならば、樺太占領軍の一部をもって、カムチャッカ半島を攻略する必要あり。

これと共に、大山巌満州軍総司令官は、

「満州軍の今後の行動は外交の状況に応ずべきなり」

との訓令を出し、状況に誤解がないよう徹底させている。

そして、速やかに奉天戦後の軍容を整備整頓し再戦に備えた。

それによると、砲弾などは四月末には四十三万発を蓄積し、各軍は奉天より進んで、北方に向かって布陣を完了したとある。またそれに呼応して北朝鮮方面には、二コ師団を増強させ、また樺太占領軍として、新設の第十三師団の動員を行ない、青森に集結させている。

この水も漏らさぬ政戦両略の一致により、五月二十七日、わが海軍はバルチック艦隊を日本海に迎え撃つと、これを完膚なきまでに撃滅、露国の戦意を完全に粉砕した。ここに日本としては好条件の講和成立という機運を迎えることができ、やがて明治三十八年九月五日のポーツマス会議に望むことになるのである。

それに先立ち七月三日、全権委員として外務大臣小村寿太郎、米国駐劄公使高平小五郎が任命され、随員として外務省政務局長山座円次郎、公使佐藤愛磨、書記官安達峯一郎、秘書官本多熊太郎、それに陸軍から立花小一郎大佐（陸大五期、のち大将）、海軍から駐在武官竹下勇大佐（海大将校科第三期、のち大将）が選ばれた。

2

七月八日、小村全権は桂首相と馬車に乗り、新橋駅に向かった。沿道には歓送する民衆の歓呼で沸き立っていた。償金をたくさん取ってくるだろう。樺太全島は割譲されるだろう。南満州も日本の領土になるに違いない。そういった空気の中に、国民は小村全権の出発に多大の期待をかけていたのである。中には、講和会議など時期尚早だ。バイカル湖畔まで露兵を駆逐すべしなどと、気焔をあげている者も少なくなかった。

怒濤のような歓声の中で、小村は緊張した面もちで桂首相に、

「これで自分が帰って来るときは、国民の人気は正反対のものになり、怒声を浴びせられるでしょう」

と感慨を込めてつぶやいた。小村は、会議の前途に一抹の不安を感じとっていたのである。難しい交渉だと悟っていたのである。

日露両国全権に対する米国ルーズベルト大統領の公式引見および引き合わせは、八月五日、オイスター湾上、大統領の快走船メーフラワー号上で行なわれた。着米順と

いうことで、日本全権が先に引見された。

フロアーで待っていた大統領は、小村を見ると、さっと手を握り、「おお、私の旧友、ようこそいらっしゃい」と愛想よくいい、きわめて打ちとけた歓迎振りを示した。旧友といったのは、二人がともにハーバード大学出身だったからである。

やがて露国全権ウイッテとの引き合わせがすむと、両国のメンバーは米国軍艦に移乗して、ポーツマス軍港に向かった。ポーツマスに着いたのは八月八日である。

講和談判の本会議は、十日の午前十時から開かれた。談判が始められるに先立って、小村全権は十二ヵ条よりなる箇条書の日本の講和条件書を米国側に提出していた。

露国全権ウイッテは体も大きいが、態度も尊大で、どちらが戦勝国かわからないほどであった。憤慨した小村は、

「君はまるで戦勝国の代表者みたいだね」

となじると、ウイッテは傲然と、

「まだ戦勝国もないのに、どうして戦敗国があるのか」

とうそぶいた。小村は神経がいらだち、

「陸では連戦連敗、旅順、奉天も陥《おと》され、海では艦隊を全滅されている。それでもあなたは戦敗国とは思わないのか」

「戦争はまだまだこれからである。ハルピン集結中の露軍は一段と強化され、今や攻進の用意まったくととのっている。その莫大なる兵力といい、充実せる兵備といい、露国の戦史はじまって以来のものであることは、リネウイッチ大将の報ずるところである」

露国がこんな認識では、容易に議事は進行するものではない。日本が提出した十二ヵ条よりなる要求は、六月三十日の閣議で決定したものに、聖裁を仰いだもので、つぎの三つに大別されていた。

一、貫徹を期すべき絶対的必要条件
満州より露兵を撤退させる。
遼東半島租借権および東清鉄道南部支線(ハルピン旅大間)の譲渡。
二、貫徹に努むべき比較的必要条件
戦費賠償。
中立国竄入《ざんにゅう》露国艦艇の交付。
サガレン(樺太)および付属諸島の割譲。
沿海州漁業権の獲得。
三、取捨を全権の裁量に委せる付加条件

極東における露国海軍力の制限。

ウラジオ港の武装解除。

3

日本が提出した条件箇条書に対して露国側の回答書も出されていたので、会議は逐条討議に入った。日本が絶対的必要条件として要求した満韓問題については、大方、露国側も観念していたようだが、それでも素直に引き下がったわけではない。何だかんだと付帯条項や文句をつけてねばった。とくに問題となった点は、東清鉄道の譲渡問題であった。ここで、ウイッテは、

「東清鉄道は、東清鉄道会社という企業が所有する一私法人の財産である。したがって、ロシア政府としては、これを取り上げて日本に譲渡するわけにはいかない」

これに対して小村も、執拗に、

「この鉄道は戦前より、日本に対して脅威をあたえていたのだから、将来の平和のためにも、是非とも、これを日本は手中に収めなければならない」

と主張した。

しかし、ウイッテは、あくまでもこの鉄道は国有でないからといって譲らず、いつ果てるともわからない論争を繰り返した。ここで小村は、最後の決め手となる露清秘密条約をスッパ抜いた。

「あなたはあくまで一会社の私有財産といい張るが、日本が入手した正確な情報によれば、そもそも東清鉄道というのは、一八九六年モスコーにおいて調印された露清秘密条約を根源とするものではないか」

と反論した。

この秘密条約とは、露帝の戴冠式に参列した李鴻章と露国外相ロバノフ公爵との間に調印された日本に対する露清の共同作戦を決めた秘密同盟条約であって、ポーツマス会談の数ヵ月前、清国側から日本の北京公使館が全文を入手して、小村全権の手許に英訳されて届けられた条約文であった。

「この条約によれば、東清鉄道の目的は露国が清国を援けるための軍隊を輸送するためと明記してあるが、これでもあなたは、これを民間会社の一私有財産と主張されるのか。意味が違うではないか」

舌鋒鋭くつめよった小村の意気込みに、ウイッテは顔面蒼白となって、返す言葉がない。まさか、秘中の秘としている同盟条約を、日本側が探知していたとは夢にも思わなかったのである。

ウイッテは仕方なく、会議録の速記を中止させると、この秘密条約の内容を縷々《るる》弁明したが、急所をつかれた弱味は最後までたたり、結局、長春以南大連までの東清鉄道、すなわち、南満州鉄道は日本に帰属させることを承服した。

こうしたことで、日本が絶対必要条件とした一つの要項は貫徹することができたが、二および三の条件にいたっては、会議はもめにもめ、沿海州の漁業権を譲渡するという以外は全部拒絶され、ことに日本で重要視していた樺太および賠償金の問題では、はじめから相手にされなかった。

ウイッテはいった。

「露国は今日まで戦運に恵まれていないが、城下《じょうか》の盟《ちかい》を余儀なくされた敗戦国ではない。償金や割地などという条件は、日本軍がペテルスブルクまで進撃してきたら、ご相談に応じよう」

小村はこれに対して、

「はっきりいわせてもらえば、明治初年、日本は樺太を露領千島と交換して以来、樺太の露国による領有を、日本が国防の脅威と感じていたのである。その結果、今度の戦争でこれを占領したのだが、これの回復は今や日本国民の牢固たる意志となっている。また戦費については、日本が求めるものは戦争に要した実費の払い戻しにすぎない。このような実費の支払いは、戦敗国に課せられた責任であり、いささかも屈辱を感じるものではない」

と反駁《はんばく》し、その猛省をうながした。

しかし、露国側はあくまで頑張った。皇帝がウイッテを鞭撻するために打った電文には、「一インチの土地も、一ルーブルの金も日本にあたえてはならない。何ものも、余をしてこれより一歩をだに譲らしめ得ない」とあった。ここに交渉決裂の時機は迫ったのである。

小村全権は、このような情勢の下に一大決心を固めると、

「談判はもはや交渉の余地はない。露帝はリネウイッチ総司令官らの報告により、露軍が優勢にして戦機一転の望みあるものと確信し、この際、講和をなすの意を絶ったもののごとくである。しかも今にして樺太および軍費賠償の二問題を抛棄することは、日本帝国の栄辱に関する重大問題である。……」

との見解の下に、詳細に情勢を述べ、講和決裂の責任は一に露国にある旨を宣言する用意ありとの最後の決意を政府に打電した。

そして、公私一切の荷物をまとめ、それにポーツマス市の歓待に感謝する意味で、

同市の慈善事業団体に米金二万ドルを寄付し、引き揚げ万端の準備を終えると、本国政府から最後の回訓を待った。

4

政府では重臣元老会議を開き、回訓の内容を固めた。二十八日付で送った回訓とは、「貴電に関し文武重臣閣僚の会議において、慎重に議を尽くしたる結果、『開戦の目的たる満韓関係の重要問題がすでに満足な解決を得た以上、たとえ軍費および割地の二大要求を不幸にして拋棄するの已むなきにいたるとも、なおこの際、講和の成立を期することは日本の軍事上および財政上の事情において絶対の急務なりと認め、すなわち、この機会を逸せず是非とも講和を優先せしむべし』という評議一決し、勅裁を仰いでここに訓令する次第である」

この回訓を読み上げた周りにいた随員は、これまでの緊張がほぐれたのか、無念やるかたなく声を出して泣いた。その後、本多秘書官はその回訓を持って、ただちに小村全権の部屋を訪れた。

「私はほとんど眼をあげて全権を見上げる勇気すらなく、ためらいながらこの回訓を手渡した。全権は着米以来の過労を余程感じておられると見え、長椅子に横たわり、静かに眼を閉じておられたが、珍しくそのままの姿勢でこれを受け取られた。

しかし、全権の沈黙は五分ばかりで破られた。元気よく立ち上がった全権は、ベルを押して山座局長を呼ぶと、最終談判となる翌日開かれる会議の作戦の打ち合わせをはじめられた」

その晩の食堂には、談論風発でなる山座円次郎も、英気横溢している立花小一郎陸軍大佐も、がっかりしたのか姿を見せず、淋しいものであった。翌朝、ホテルの玄関に出て迎えの馬車に乗りこむと、全権は傍らに座った山座局長に、

「今日は湊川になるぞ。頑張ろう」

といって笑った。

会議は、これまでとは違ってスムーズに運んだ。日本の重臣閣僚会議で決定した妥協案「樺太半分、償金拋棄」には、ウイッテは何の抗弁もせず承認した。ここにおいて、さしも世界の視聴を集めていた日露間の難題も妥結したのである。

引きつづいて休戦協定の成立、撤兵問題などの難件もスピーディーに決定し、九月五日の午後三時四十分、両国全権は講和条約および付属文十二通にそれぞれ署名を終わった。

折から十九発の祝砲は殷々《いんいん》として天に轟き、海上では汽笛、街には教会の鐘が鳴り響き、平和祝福の声はポーツマス全市にあがった。

この条約が終わると、ルーズベルト大統領は、その総評として、「日本が樺太の北半を棄てたのは、棄てずにすんだものを棄てたと思われる。これは確かに自分が日本のために取ってやることの出来たものと思う。しかし、大体から見れば、まずは満足というべく、講和条件は露国にも日本にも相当のものと見るべきだろう。また、英国にも米国にも好都合と思われる」といっている。

多分に自画自賛、その満足の情を悟るべきであろう。ルーズベルトは一貫して日本贔屓《びいき》であったため、その労は日本人として多としなくてはならないが、現実の米国の輿論としては、開戦当時と講和条約のときとではだいぶ変わっていたのである。

開戦当時は「負け犬」に味方をするという米国人心理で小国日本を声援したけれども、その日本が、予想以上に強くロシアを完膚なきまでに叩きのめしたのを見ると、今度は日本に対して新たな警戒心が生まれてきたのであった。

「日本にあまり強くなられては、極東におけるわれわれの権益は、ロシアに代わって日本の脅威にさらされる」といった考え方は、米国のみならず、英国にも強く起こったのである。樺太割譲や償金問題で、日本が最後のドタン場で、あらゆる方面の牽制《けんせい》を受けなければならなかったのは、じつにこうした米英の策動によるものだと考えられる。

小村全権は、出国前の予想どおり、挙国的不評のうちに帰国しなければならなかった。当時の国民は屈辱外交といって、嵐のごとき非難攻撃を小村に浴びせた。そして「樺太南半伯爵」とあだ名し、罵声を放つと、小村邸へ投石を繰り返す始末であった。調印の九月五日には東京に大暴動が起こり、戒厳令がしかれたほどである。

名利を求めず、講和に生命燃焼し尽くした小村は、己れの運命の儚さを感じ、じっと耐え忍ぶのだった。しかし、「やるだけのことはやった」という自己満足だけが彼を支えていた。

第十三章　惜別の辞

1

松川敏胤は軍役にある間は、先記したように東京の下渋谷（今の松濤辺り）に住居していたが、大正十二年三月、予備役となり、さらに大正十四年四月、後備役を仰せつかると、彼は生まれ故郷の仙台土樋《つちどい》に帰った。

そして、それからは、広瀬川の清流を隔てて愛宕山の翠《みどり》を望みながら、閑雲野鶴を友として自適の日を送った。雨天の日などは、碁友と碁をうつのが何よりの楽しみであったという。碁は、かなり強かったらしい。

仙台での松川の主治医であった亀卦川英吾氏によると、松川にはその頃から体調に異変が起きており、尿の出具合がままならなかったといわれている。膀胱ガンの疑いが生じていたのである。ところが、松川は病人の素振りを一切見せず、周りから病人扱いされることをひどく嫌った。武人は死ぬまでかくしゃくとせねばならないという願いがそうさせたのかもしれない。

朝は女中よりも早く起きると、庭掃除から書斎の雑巾がけまで小まめにやり、それがすむと、近くの畑に下り立って農事に精を出す。また、日中は好きな乗馬で天を仰いでゆうゆう市中を散策する。

この頃の松川の乗馬姿は、「松川大将、お馬で通る」と囃《はや》し立てられ、市民の間で有名だったそうだ。おそらく、このときの松川は、大山巌の後に随《したが》って堂々と奉天に入城したときの感慨が思い起こされていたことだろう。今日、神宮絵画館に掲げられている鹿子木孟郎画伯筆の「奉天入城」の大壁画には、大山総司令官の後に随っている松川の颯爽たる勇姿を見ることができる。

亀卦川主治医は、「馬に乗ることが病勢を早めた」といっているが、それからの松川の病状は快方に向かうことはなく、悪くなる一方であった。

そして、昭和三年三月になると、まったく伏せがちとなり、六日の午後三時過ぎからは危篤状態に落ち入った。そして、亀卦川主治医の、奉天陥落の三月十日までは何としても保たせたいという願いも空しく、七日午前三時五十分、広瀬川のさやかなる水音を聞きながら永久の眠りについた。

息を引きとるまで、意識はしっかりしていたという。寝床から背を伸ばして、「奉天、奉天」の最期のうわごとがそれを物語っている。ロシア軍に勝利した証としての奉天入城に感慨がこもっていたのであろう。享年七十歳であった。

松川にとって残念無念だったことは、四人のかわいいお孫さん（長女安喜子大正十年生、次女美弥子大正十一年生、三女婦久子大正十四年生、四女睦子昭和二年生）と約束していた雛節句を祝えなかったことではなかったか。

葬儀は松川の思いを入れ、十日の陸軍記念日が終わるのを待ち、翌十一日の午後二時から仙台市東九番丁の報恩寺で、仏式により執り行なわれた。

当日は氷雨こまやかに煙る春まだ遠しの寒い日だったが、会葬者は千人にもおよび、寺院外の道路にまで溢れんばかりであった。このときは松川が教鞭をとったことのある片平町小学校の生徒も、雨に濡れつつ堵列している。これからも、松川大将の威徳が偲ばれてくる。

儀式の式次第は、昭和三年三月十二日の河北新報記事によると、最初に日露戦争を共に戦った、閑院宮殿下（日露戦争時、少将、騎兵第二旅団長）、久彌宮殿下、閑院宮春仁王殿下、他宮家の御代香がなされ、ついで喪主であり林学士であった松川恭佐氏の焼香、つづいて赤井春海第二師団長（陸大十九期、のち中将）、山口仙台市長の弔辞朗読、さらに田中義一（当時首相）、河合操、宇垣一成、福田雅太郎、秋山好古各大将ほか錚々たる陸海軍人の焼香、最後に寒空に踵を接して戸外に待つ一般会葬者の焼香と縦列が蜒々とつづき、午後四時過ぎ粛然と式は終わった。

その間、儀仗隊はいっせいに哀の極みを吹奏しつづけ、日露戦争で勇名を世界に馳せた日本陸軍きっての戦術家松川大将に惜別した。

新聞はあえてここに記す。

周囲の声からは松川敏胤が師団長より参謀総長が最適任といわれていたのに、その職を得なかったのは、長州の寺内元帥の御機嫌を損じたためであろうか。仙台の人としてけだし残念。しかし、名将は今はなし、ああ！　と。

松川が寺内に嫌われたのと反対に、好漢秋山好古は寺内に好かれていた。寺内は体は小さいが、知恵がズバ抜けていた。だから、気宇壮大で、同じ知恵のかたまりといわれていた同年同郷の児玉とは気が合い、刎頸の交わりをしている。寺内は、好古にも児玉に似たものを感じていたらしい。

だが、寺内に媚びをみせず、むしろ、終始、反長州閥の形を崩さなかった堅物松川は、寺内にとって苦々しい存在で、可愛気がなかったのであろう。

後記することになったが、几帳面な性格が示すように、松川敏胤は、若い頃から亡くなる前年の昭和二年春頃まで、日記を書き綴っていたという。お孫さんの話によると、その内容は得意の細字で克明なものであったそうである。私見だが、この日記は日露戦争時の戦陣にあっても、一日も欠かさず記されていたそうだから、これを繙《ひもと》くことができれば、日露戦史に新たな燭光を灯すかもしれない。

私はまだ拝見していないが、後世に残る貴重な史料になることは間違いないと思っている。

ちなみに、松川の遺書ともいえるこの日記は、現在、仙台市の博物館に保管されているそうである。再度、行仙する折には是非拝見したいものである。

2

最後に松川敏胤陸軍大将の略歴を付そう。

安政六年十一月九日、宮城県仙台市土樋仙台藩松川安輔長男として出生

明治十二年十二月、陸軍士官学校入学被命。明治十五年十二月同校卒業、歩兵少尉、広島鎮台歩兵第十一連隊付
明治十八年九月、陸軍大学校に入学。明治十九年五月、歩兵中尉。明治二十年十二月、陸軍大学卒業、卒業の際、優等の賞として望遠鏡一個下賜。明治二十一年十二月、教導団歩兵大隊付。明治二十二年、第五師団副官
明治二十三年二月、歩兵大尉、陸軍大学校兵学教官。明治二十六年一月、ドイツ国留学
明治二十八年四月ドイツ国より帰朝後、第二軍参謀、清国に出征。四月歩兵少佐、五月大本営付に転じ、さらに五月、台湾総督府と共に台湾三貂角着、爾来各地に転戦
明治二十九年四月、戦役の功により功四級金鵄勲章および勲六等瑞宝章を賜う
明治三十二年二月歩兵中佐、六月ドイツ国公使館付被免参謀本部部長、五月東部都督部参謀長に兼補。明治三十五年八月、李漏西国より王冠第二等勲章を受領、佩用允許
明治三十七年二月大本営参謀、六月満州軍参謀、七月より明治三十八年一月にいたる間、大石橋、遼陽、沙河、黒溝台等の戦闘に参与
明治三十八年一月、陸軍少将。自二月二十七日至三月十日、奉天会戦に参与。五月、

勲四等瑞宝章。十二月、上陸凱旋後、参謀本部第一部長
明治三十九年四月、戦役の功により功二級金鵄勲章および勲二等旭日重光章を賜う。
五月、東宮御用掛被仰付。六月、陸軍軍制調査委員
明治四十年八月、第四、第九、第十六師団特命検閲使属員
明治四十一年十二月、歩兵第六旅団長。明治四十四年九月、歩兵第二旅団長
明治四十五年二月、陸軍中将、第十師団長
大正三年五月、勲一等瑞宝章。八月、第十六師団長
大正五年八月、東京衛戍総督。十月、天長節祝日観兵式諸兵指揮官。大正六年、陸軍始観兵式諸兵指揮官
大正六年八月、朝鮮軍司令官。同七年七月、陸軍大将、軍事参議官。大正八年四月、第一特命検閲使、六月、勲一等旭日大授章。大正九年十一月、戦役の功により金杯一組を賜う
大正十年一月、第一特命検閲使、五月、馬政委員会委員長
大正十一年七月三十日、明治天皇十年式年祭山陵の儀被爲行候節陸軍大将総代被仰付、十一月待命
大正十二年三月、予備役、四月、従二位。大正十四年四月、後備役

昭和三年三月七日午前三時五十分、逝去した松川敏胤陸軍大将に対し、特旨をもって左のごとく加授の御沙汰があった。

従二位勲一等　陸軍大将　松川敏胤　授旭日銅花大授章

〈参考文献〉＊隅谷三喜男「大日本帝国の試練」中央公論社＊大橋武夫「参謀学」ビジネス社＊秦郁彦「日本陸海軍総合事典」東京大学出版会＊松下芳男「日本軍閥の興亡」芙蓉書房＊司馬遼太郎「坂の上の雲」文春文庫＊児島襄「日露戦争」文春文庫＊「帝国陸軍将軍総覧」秋田書店＊「帝国海軍提督総覧」秋田書店＊大江志乃夫「日露戦争と日本軍隊」立風書房＊加登川幸太郎「名将児玉源太郎」日本工業新聞社＊渡部昇一「ドイツ参謀本部」中公新書＊大植四郎「明治過去帳」東京美術＊谷寿夫「機密日露戦史」原書房＊ノビコフ・プリボイ・上脇進訳「バルチック艦隊の潰滅」原書房＊飯村穣「続兵術思想」日刊労働通信社＊甲斐克彦「人物陸大物語」光人社＊「ザ・ビッグマン」一九九二年五月号　世界文化社＊「一億人の昭和史」一九七七年七月号　毎日新聞社＊森松俊夫「大本営」教育社＊豊田穣「情報将軍明石元二郎」光人社＊ウッドハウス暎子「日露戦争を演出した男モリソン／上下」東洋経済新報＊生出寿「名将秋山好古」光人社＊菊池寛「大衆明治史／上下」汎洋社

単行本　平成七年四月「男子の処世」改題　光人社刊

NF文庫

奇才参謀の日露戦争

二〇一六年七月 十五 日 印刷
二〇一六年七月二十一日 発行

著 者 小谷野修
発行者 高城直一
発行所 株式会社潮書房光人社
〒102-0073 東京都千代田区九段北一-九-十一
振替／〇〇一七〇-六-五四六九三
電話／〇三-三二六五-一八六四㈹
印刷所 株式会社堀内印刷所
製本所 東 京 美 術 紙 工

ISBN978-4-7698-2957-7 C0195
http://www.kojinsha.co.jp

NF文庫

刊行のことば

第二次世界大戦の戦火が熄《や》んで五〇年——その間、小社は夥しい数の戦争の記録を渉猟し、発掘し、常に公正なる立場を貫いて書誌とし、大方の絶讃を博して今日に及ぶが、その源は、散華された世代への熱き思い入れであり、同時に、その記録を誌して平和の礎とし、後世に伝えんとするにある。

小社の出版物は、戦記、伝記、文学、エッセイ、写真集、その他、すでに一、〇〇〇点を越え、加えて戦後五〇年になんなんとするを契機として、「光人社NF（ノンフィクション）文庫」を創刊して、読者諸賢の熱烈要望におこたえする次第である。人生のバイブルとして、心弱きときの活性の糧《かて》として、散華の世代からの感動の肉声に、あなたもぜひ、耳を傾けて下さい。